LORENZO ALBERTI

L'ORNAMENTALE DESTINO

ovvero

gli album bianchi di Lucio Battisti e Pasquale Panella

L'ORNAMENTALE DESTINO
Ovvero
GLI ALBUM BIANCHI
di LUCIO BATTISTI e PASQUALE PANELLA

INDICE CAPITOLI

INTRODUZIONE

Gli articoli erano pronti per essere pubblicati, qualche coraggioso sponsor sembrava volermi dar retta (o soldi, che poi è lo stesso) e i laser delle stampanti si illuminavano più di qualunque potenziale lettore.

Non è difficile fondare una rivista, come forse non lo è nemmeno fondare una società o, scoprendo l'ultima isola deserta, uno Stato. Se non fosse intervenuto Socrate.

Nietzsche impiegò anni per individuare la ragione principale per muovergli critica, mentre io, con meno tempo a disposizione, l'ho capito all'improvviso: ho maledetto il filosofo e tutta la cultura occidentale conseguente quando mi sono chiesto il perché. Perché fondare una rivista, perché scrivere, perché dipingere. Perché relazionarsi.

Forse perché me lo sono chiesto troppo a lungo, e si sa che il pensiero è d'ostacolo all'azione, o forse per imitare ancora Socrate, la rivista non è mai stata pubblicata.

Non mi interessava la fama, né il guadagno, né convertire gli ignoranti (ignoranti nel senso di chi ignora gli articoli) e non volevo contribuire alla produzione critica o culturale con approccio da missionario della cultura o da crociato della critica.

Potevo permettermi il privilegio di passare pomeriggi a pensarci perché la pressione di produrre e di pubblicare non mi passava per i pensieri.

La scrittura di una tesi universitaria permette invece di ignorare le domande preliminari e di concentrarsi sin da subito su analisi, confronto e produzione, così da poter fare ordinati *collages* di informazioni e da ricavare la preziosa media tra le frasi (fatte).

Questo libro nasce proprio da una tesi universitaria, a cui ho cercato di aggiungere elementi più personali e discorsivi, e di lasciare in secondo piano l'approccio da musicologo, perché vorrei incuriosire e far riflettere sulla natura dell'argomento, più che analizzarlo. Il bandolo della matassa non si trova in ogni caso, e allora tanto vale accettarlo.

Parlo di un argomento poco trattato, per il quale la ricerca esistente va poco oltre i "mi piace" o "non mi piace" di *YouTube*: gli ultimi cinque album di Lucio Battisti, realizzati tra il 1986 e il 1994.

I testi, a differenza di quel che era avvenuto negli 11 anni precedenti, non sono di Mogol ma di Pasquale Panella.

Due sono gli approcci tra chi si avventura a parlarne: «meglio Mogol o Panella? Mogol», oppure: «occupandomi di Lucio Battisti, mi tocca dedicare qualche pagina anche a Panella». Più discreta e rispettosa la scelta di chi ignora totalmente gli anni con Panella, nonostante sia stato un sodalizio più duraturo di quello con "il poeta delle massaie", senza voler criticare le massaie o Mogol, parafrasando i lunghi articoli di Paolo Diodati.[1]

Lo stesso Paolo Diodati, docente presso l'Università di Perugia e moderatore del sito Telusfolio.it, ha lanciato nel 2009 una sfida:[2] per dimostrare la superiorità di Mogol su Panella, egli invita a dimostrare che anche sul secondo paroliere siano stati condotti studi e/o se ne sia parlato in una qualunque università, come è stato e continua ad essere per Mogol.

Ecco: quando scrissi e discussi la tesi, credo di averlo smentito. La ricerca musicale di Battisti lo porta a sonorità elettroniche, «ritmatissime eppure non ballabili»[3] in cui a volte non compare nemmeno uno strumento reale.

Complesso equilibrio fra tradizione italiana e glaciali sonorità elettroniche, funk, hip hop, techno, house, new wave. Tutto riassemblato a piacimento in pezzi stranianti eppure ancora vitali.[4]

«Tutto ruota intorno a figure ripetute in modo monotono e ipnotico. [...] Andare oltre era impossibile. Il concetto di musica, di pop, di canzone, viene strappato, sventrato, sottoposto ad una seduta di elettroshock senza precedenti».[5]

Senza precedenti in tutta la storia della musica italiana e forse della letteratura, è anche la poetica di Panella, sempre in bilico tra significante e significato, e il suo fine, disilluso ma mai rinunciatario.

[1] DIODATI, *Tellusfolio.it*
[2] DIODATI, *Tellusfolio.it*
[3] *Xoom.it*
[4] *Storia della musica.it*
[5] *Storia della musica.it*

Ma senza precedenti e senza imitatori è sicuramente, da parte di un artista che occupa da dodici anni consecutivi i primi posti nelle classifiche, la scelta di dedicarsi alla musica per la musica, ignorando i dati disastrosi sulle vendite, i giornalisti e la televisione, le tournèe, e il cosiddetto buonsenso.

In un panorama musicale dominato «dalla canzoncina, dalla musica leggera; questa cosa acquietante, torporosa, analgesica, democristiana»[6] come la definisce Panella, si inseriscono "i cinque bianchi", così chiamati per via delle copertine candide ed essenziali. Sono album slegati dal circostante mondo della musica e dello spettacolo, nonché da interessi commerciali. Musica per la musica. Lo stesso Panella definirà i cinque album bianchi come gli unici, tra tutta la produzione musicale, che nessuno potrà mai ascoltare come merce. Nessun compromesso con gli intuibili gusti del pubblico e nessuna rinuncia al voler assecondare se stessi e i propri intuiti.

Non cercherò di analizzare le partiture o di spiegare le figure retoriche presenti nei testi, ma vorrei soprattutto evidenziare la consapevolezza artistica del progetto da parte dei due autori: troppo spesso e troppo superficialmente si parla di Battisti come di un talento 'persosi dietro le cose dell'elettronica', come un Paolo Uccello tecnologico e contemporaneo. Per Battisti è forse vero l'opposto: nessun cantautore ha saputo aggiornare tanto il suo repertorio, introducendoci nel corso degli anni jazz, samba, elettronica sperimentale e, per gli ultimi cinque album, techno, hip hop e dance. Battisti era sempre al corrente delle innovazioni musicali che avvenivano all'estero grazie ai suoi gusti musicali esterofili, alla scelta di incidere diversi suoi album a Londra e a San Francisco, alla pressoché esclusiva presenza di musicisti stranieri di fama mondiale come collaboratori nei suoi dischi e alla sua naturale propensione a guardare 'avanti' e 'altrove'.

I cantautori impegnati, negli anni '70 e nei primi anni '80, avevano sì proposto un linguaggio nuovo, ma la 'canzone italiana' con i suoi interpreti classici a cui se ne aggiungevano ogni anno, era sempre uguale a se stessa. Il festival di Sanremo è la scenografia perfetta in cui si inseriscono anno dopo anno i personaggi, le canzoni, le lacrime e le soddisfazioni di quest'Italia che vuole sentire e

---

[6] *Wikipedia.org*

capire solo ciò che sa già. Di quest'Italia che vista in prospettiva mi ricorda proprio i quadri di Paolo Uccello, in cui ciascuno è artefice della propria chiusura mentale ed esistenziale.

Panella, più che l'artista medievale, è un Giorgio Morandi prestato alla letteratura. Sembra sempre uguale a se stesso, ma è nella pennellata la magia. È nell'incrostazione della campitura, nell'affiorare della tela. Panella decora con volute infinite e colori pastello l'elettronica fredda e tagliente di Battisti, la modella senza accorgersi di essere a sua volta modellato dalla musica.

Gli strumenti di lettura dei cinque album bianchi non sono gli stessi validi per i generi musicali esistenti, e tanto meno per l'ascolto dei pezzi precedenti di Battisti. Dimenticate pure a casa la chitarra ed evitate di accendere il falò. Dimenticate anche il gelato e le lattine. Se proprio non sapete presentarvi all'invito a mani vuote, e qualcuno volesse portare con sé il senno, provi pure ad usarlo, ma arriverà al risultato a cui sono arrivati la maggior parte dei critici e degli ascoltatori: si vorrebbe rimanere coi piedi per terra, e ci si ritrova comunque sulla luna.

Insomma, citando liberamente Panella, e i suoi *memorabili esempi di abbandono*, invito a capire *ma non molto*, e a *intuire però la giravolta degli oggetti*.

A entrare *nella stessa distrazione creata perché potesse accadere qualcosa*, senza spaventarsi del fatto che *tutto succede quando tutto riposa*.[7]

---

[7] L. Battisti e P.Panella, Specchi opposti, L'apparenza, 1988, Numero uno

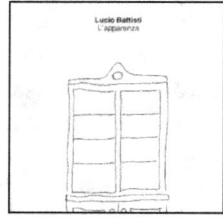

DUE BIOGRAFIE INTRODUTTIVE

PASQUALE PANELLA

È indicativo il fatto che cercando "Panella" tramite *Google immagini*, il volto sorridente del poeta compaia solo in centocinquantesima posizione, preceduto da una grottesca parata di donne a seno nudo, di donne con maglietta bagnata, (si alternano le celeberrime Floriana Panella e Tiziana Panella), di, giustamente, gustose panelle fritte alla palermitana, e da, in mezzo a tanta abbondanza, Marco Pannella che con l'aria saccente di *Google* sembra voler dire "forse cercavi Pannella, con due enne".

Pasquale Panella è un paroliere, poeta e scrittore nato a Roma nel 1950 Durante gli anni scolastici in certe materie va bene e in altre decisamente no: è chiaramente colpa dei professori; non certo sua. Capisce anche che se vuole avere un parere autorevole, lo deve chiedere a se stesso. È la romanità sfrontata e cinica del *solo te te poi dà 'na mano* degli stornelli popolari, ma c'è anche la consapevolezza di non essere veramente solo con se stesso.

Scrive per gioco testi poetici e teatrali sperimentali, influenzato dal Dadaismo, da Pound, da Cèline e da tutta l'atmosfera letteraria e umanistica incontrata fino ad allora, che infatti ritorna dissolta e spesso quasi irriconoscibile, ma sempre punto di partenza per la sua poetica, che tuttavia non ha punti di arrivo né direzioni. Carmelo Bene, proprio in questi anni, non ancora trentenne, vivacchia tra Roma e Firenze scandalizzando il mondo accademico, insultando i benpensanti e addirittura orinando contro le prime file nei pochi teatrini che osavano invitarlo. Risparmia sull'affitto facendosi più o meno volontariamente ospitare nei commissariati, a cui certo, tra grandi bevute e continue provocazioni, non mancano denunce e motivi per trattenerlo qualche notte.[8] Pasquale Panella, che ormai ha dato la priorità al teatro piuttosto che alla scuola,[9] non può non aver colto la potenza espressiva del suo collega e

---

[8] *Wikipedia.org*
[9] *Wkipedia.org*

l'esigenza di un linguaggio meno chiaro ma più evocativo e profondo ma non può, allo stesso tempo, non aver notato come i contenuti nuovi fatichino ad arrivare al pubblico. Panella è uno di quei nichilisti che devono comunque manifestare la loro opinione, e se la gente non se la vuole cercare tra le pagine di volumi troppo voluminosi, sarà l'opinione ad andare incontro alla gente.

Come si entra facilmente nelle case degli italiani, senza distinzioni di sesso, orientamento politico ed età?

Carosello era terminato nel '77, e gli show di Berlusconi in TV sarebbero arrivati solo qualche anno dopo.
Insomma; forse solo la frase dei Baci Perugina aveva un potere di propaganda poetica simile ai dischi di Lucio Battisti.

Diventare paroliere di Lucio Battisti, anche solo per un album, vuol dire avere più audience di quella di Carmelo Bene, che nel frattempo dal teatro passa al cinema, o di qualunque poeta che pubblica su riviste letterarie.

Forse sto esagerando nell'interpretare il distacco emotivo e attitudinale di Panella dal mondo della canzonetta italiana, ma lui, ancora più abile a esagerare, dichiarerà:

> A me non è mai importato nulla della musica. La considero, essendo purtroppo delle canzoni, un incidente da adoperare, da sopportare. Vedi, quando licenzio un testo, praticamente è come se gli dicessi: «Vai, vai puoi andare, speriamo che ti rovinino il meno possibile.» [...] Perché la canzone tu te la prendi inaspettatamente, accendi la radio, mentre invece un libro te lo cerchi o la poesia, o un testo, te lo cerchi.[10]

Con delle premesse tanto coraggiosamente subdole si potrebbe immaginare, da parte di Panella, che nonostante l'apparente qualunquismo comunicativo ci sia in serbo per noi un contenuto, che egli vuole ad ogni costo e con qualunque mezzo renderci noto, volenti o nolenti. Se il pubblico non va dal contenuto, sarà il contenuto a raggiungere il pubblico. Concetti, messaggi, idee in versi che un milione d'italiani comprerà, ascolterà, e canticchierà o fischietterà.

---

[10] *Treccefresche.info*

Per nostra fortuna, o sfortuna, non sarà niente di tutto ciò. Panella, nel corso della sua attività di paroliere, opererà nella direzione di uno spersierato ma ostinato distaccamento dal concetto di canzonetta per arrivare al dissolvimento di qualsiasi struttura metrica, e, come effetto collaterale, all'effetto straniante e alle sensazioni che immancabilmente ne derivano.

Non è però Panella, richiamato dalla fama di Battisti e dalla garanzia di vendere dischi, a corteggiare il cantante.

Dieci anni prima dell'incontro con Battisti, Panella, chiusa l'esperienza teatrale, diventa paroliere e collabora per tre album con il cantante Enzo Carella, dal 1977 al 1981.

A distanza di trent'anni dichiarerà così:

> La canzone è una rogna: all'inizio l'ho fatto per tenermi lontano dagli studi, in tutti i sensi, e poi perché era immediatamente lucrativa. Ancora non sono riuscito a capire se lo facevo per denaro oppure no. Mi è capitato più volte di stare lontano dalle canzoni, poi mi tornava la voglia e allora mi dicevo: "Il primo che chiama, lavoro per lui".[11]

Da vent'anni Panella vive in un bilocale fuori Roma assieme a una moglie premurosa che gli ricorda di prendere lo sciroppo per la tosse, e da vent'anni guida una vecchia Fiat Uno. Non conosco lo stipendio di un paroliere, ma i casi sono due: o i guadagni legati a una quindicina di dischi non sono sufficienti, o a Panella i soldi interessano poco.

Un nichilista deve spostare l'attenzione su qualcosa che non sia l'utilità dell'agire, sennò non è un nichilista. Per definizione un nichilista non può essere noto, perché non avrebbe senso da parte sua annaspare per riuscire ad esprimere la sua indifferente opinione. Panella si diverte a scrivere, eccome, e non gli costa nessuna fatica.[12]

Sin dai primi tre album i versi sgorgano liberi, compare qualche figure retorica particolarmente preziosa, qualche elemento non-

---

[11] *Rockol.it*

[12] MIRENZI 2006, p. 330. Pasquale Panella: "Altre volte invece il testo si presentava un po' corto, perché magari lui (Lucio Battisti, *ndr*) dovendo chiudere un disegno melodico, aveva composto qualche misura in più, che poteva essere ben coperta dal testo, e in quattro e quattr'otto aggiungevo qualcosa, lo facevo subito.

sense, e affiorano qua e là delle vere perle, che se confrontate con i testi degli autori più popolari non possono non sminuire i loro «tu piace a me me me/ provo e riprovo con te/ finchè potrò / tu sei dolce»,[13] solo per citare il più grande tra i parolieri.

Panella, allora venticinquenne, inventa strofe che nella storia della musica italiana non si erano mai viste. Antinaturali, assonanti, sgrammaticate. Eppure tutt'altro che brutte.

> Dì che mi amerai da pazzi o confusione
> stordendo il nervo il pensiero va in canzone
> la mano nella pelle il tuo corpo migliore
> e il fiore che si secca nell'occhiello del cuore.[14]

Le migliori invenzioni di Panella sono le associazioni di parole, che legate tra loro con grande libertà, permettono alle parole stesse di reinventarsi.

L'evocativo invito *'viaggiami'*, che non vuole specificare dove e come, per esempio, concentra in un'espressione quello che altri parolieri avrebbero potuto dire solo in qualche riga.

'Ti spensierai', *'ti smemorai'*, *'ti stemperai'*[15] sono invenzioni successive che ben definiscono la capacità dell'autore di ignorare il repertorio 'classico', che richiede che si parli di innamoramento, di amore, di non amore, e di tradimento, secondo la moda introdotta proprio da Battisti-Mogol in quegli anni.

Anche Panella vuol parlare d'amore, ma cosa c'è da spiegare? *'Io t'amo solo perchè t'amo'*, [16] e ora che te l'ho detto posso essere sincero senza più girarci attorno.

Battisti non rilasciava dichiarazioni né interviste da anni, ma si può intuire che l'inizio degli anni '80 non sia stati per lui un periodo facile.

E già. *'E già'*, Il suo primo disco senza i testi di Mogol era sicuramente innovativo ed era chiara la volontà di abbandonare (per sempre) la canzonetta, la chitarrina e i violini romantici.

---

[13] Mogol, Tu sei bianca, sei rosa, mi perderò. 1971.

[14] P.Panella e E.Carella, Malamore, Vocazione. 1977.

[15] Tutte tratte da "Le cose che pensano", L.Battisti e P.Panella, Don Giovanni, 1986.

[16] P. Panella e E. Carella, Amara, Amara/Carmè. 1981.

I testi, fimati da "Velezia", erano sì molto diretti, sinceri e personali, ma decisamente *naif* e poco efficaci.

Tra questo e il prossimo disco di Battisti passeranno ben quattro anni, durante i quali egli si interrogherà sulla via da prendere.

Tornare alla canzonetta o continuare a rompere gli schemi della canzone italiana?

Se avesse scelto la prima ipotesi, ora non potremmo parlare di Panella.

È quando si parla di rompere gli schemi che Panella fa la sua comparsa.

Nessuno meglio di lui avrebbe potuto capire le esigenze di Battisti, e nell'83, dopo un album di Pappalardo in cui i due collaborano (uno come paroliere e l'altro come produttore e musicista), la strada per i cinque 'album bianchi' è spianata.

LUCIO BATTISTI

Chi è Lucio Battisti?

Uno dei personaggi più noti degli ultimi cinquant'anni di storia italiana, un'icona di cui ciascuno potrebbe dire qualcosa.

Un sognatore che segue *con gli occhi un airone sopra il fiume e poi si ritrova a volare,* un introverso che *all'uscita di scuola,* mentre *i ragazzi vendevano i libri,* lui, *sconfitto,* giocava *con la mente e i suoi terli...*

O piuttosto un romantico alle prese con più storie d'amore; uno che anche se promette che *non sarà un'avventura,* l'anno dopo ci parla di dieci ragazze, e se *son le quattro e mezza ormai e non ha voglia di dormir, a quest'ora, cosa vuoi,* gli andrà *bene pure lei.*

Centoquarantacinque canzoni saranno ben sufficienti per capirne gli interessi e per definirlo.

Di Mogol invece si sa poco, spesso neanche il vero nome.

Ci piace pensare che mentre Battisti corteggiava le dieci ragazze, magari proprio *Anna, Luci-ah, Luisa Rossi, Francesca, Elena no, Elisa, Maria,* Rosa, *balla Linda* e la decima che non po' che essere la *gelosa cara amica mia,* Mogol prendeva appunti e trascriveva da eccellente giornalista non solo le situazioni ma anche i pensieri più intimi di Battisti.

Perché allora neanche una canzone è dedicata alla moglie, compagna di Battisti per trent'anni, sin da quando lui aveva 25 anni?

Lo stesso equivoco si ritrova nel cinema, per cui Mastroianni potrebbe non essere quel bell'intellettuale in crisi pronto a tuffarsi nella vita, come ce lo presentano i film di Fellini, ma un cittadino molto ordinario e discreto.

Mogol è la fabbrica di esperienze, reali o immaginate: è lui che sa trasformarsi da viaggiatore avventuroso a cuore tenero, o da animo sensibile ad amante scaltro.

Battisti ha infatti dichiarato di non conoscere la maggior parte degli elementi presenti nei suoi testi e di non conoscere le ragazze di cui parla.

Niente di scandaloso, perché si sa che autore ed esecutore sono due professioni diverse, e ciascuno, fino a un certo punto, può anche ignorare il metodo dell'altro.

Ma dunque chi era Battisti, se non era tutto ciò che gli attribuiamo?

Pochi, nel mondo della musica e dello spettacolo, (a parte Panella che lo fa da sempre) hanno nascosto tanto la propria immagine.

> devo distruggere l'immagine squallida e consumistica che mi hanno cucito addosso i settimanali scandalistici [...] Quando un artista ha raggiunto certi livelli di popolarità non ha più bisogno di intermediari tra sé e il pubblico. I giornali servono a fare ricordare un personaggio. Non parlerò mai più, perché un artista deve comunicare solo per mezzo del suo lavoro. L'artista non esiste. Esiste la sua arte.[17]

E non sono assolutamente dichiarazioni fatte per suscitare un effetto opposto, cioè per contribuire alla costruzione di un personaggio arbitrariamente scelto.

Eppure, così sarà. Lo stesso Battisti se ne accorge, ma inizialmente ci gioca.

> È cominciata a crescere dentro di me una naturale diffidenza nei confronti dei mass media, che a quei tempi erano solo affascinati dalle mie vicende private. Tutti parlavano di Battisti, male per giunta [...] Il mio isolamento non è una mossa pubblicitaria, anche se devo dire che mi viene proprio bene... Perché il risultato è che sto ottenendo una "promozione" in senso contrario. Il mio silenzio attira l'attenzione morbosa della gente"[18].

Battisti non ha mai amato il mondo del giornalismo da scoop, tanto in voga in quegli anni e in quel campo.

---

[17] Fattodiritto.it, Chiamale se vuoi emozioni.
[18] Archivio storico Corriere.it, Il successo fa diventare cinici. La Tv, un mostro che divora.

"Qual è il mio più grande desiderio? Camminare per strada e non essere riconosciuto da nessuno".[19]

È sicuramente degna di nota la dichiarazione, intuibilmente una delle ultime, in cui afferma:

> Non faccio foto. Non concedo interviste. Non risponderei a nessuna domanda nemmeno se venisse da me il direttore del Times. I flash? Mi fanno male agli occhi. La televisione? Meglio l'olio di ricino. Non conosco nessuna tortura che la superi.[20]

Risponde picche a una funzionaria televisiva che lo implora, con in mano un assegno in bianco, di presentarsi in una qualunque programma: «se po' fà, ma solo se io entro di spalle, passo ed esco».[21]

Da quando, sfinito dai giornalisti e dal sistema consumistico, dichiara: «mi salvo pensando che se un giorno credessi di essere fagocitato dal sistema, pianterei tutto», a quando "pianta tutto", il passo è breve.

Nel '79 l'ultima intervista per una radio svizzera, e nell'80 l'ultima apparizione televisiva su un canale televisivo svizzero-tedesco. Per il pubblico italiano era già sparito da qualche anno.

Si ritira nella sua villa in provincia di Lecco ed è Mogol che gli fa cantare e sognare di *"fuggire via da te, Brianza velenosa"*, perché lui invece, sempre più appassionato di elettronica e di informatica per la musica, nel suo autoesilio brianzolo sembra finalmente trovarsi bene. E può occuparsi seriamente di musica, perché il "piantare tutto" a cui alludeva Battisti qualche anno prima, non andava ovviamente interpretato in senso artistico e musicale. Sennò, anche in questo caso, non avrebbe senso continuare a parlarne.

L'uscita di Anima latina, nel 1974, è accompagnata da un'intervista che Battisti rilascia a Renato Marengo per Ciao 2001,[22] l'unica vera intervista rilasciata da Battisti.

Compaiono finalmente i suoi pensieri, tra le teorie di una vita più autentica e il racconto di un viaggio in Sud America. Com-

---

[19] Archivio storico Corriere.it, Il successo fa diventare cinici. La Tv, un mostro che divora.

[20] PIANCATELLI, 1999 p. 6.
[21] DEL PAPA, 2006 p. 32.
[22] CIAO 2001, 1974, p. 44.

paiono molte riflessioni che troveranno conseguenze e sbocchi maturi solo negli anni '80. I temi centrali sono la figura dell'artista e la continua ricerca musicale.

Non ci sono più i Beatles che mandano in visibilio le folle, non c'è più il duetto tra Mina e Battisti che ci fanno credere di essere superiori ai Beatles, e Battisti tira le somme:

> Il pubblico è andato avanti, lo dimostrano del resto le classifiche: da alcuni anni a questa parte i primi posti sono occupati da long-playing di personaggi che in tv vanno pochissimo o mai. Oggi il rapporto tra artista e pubblico è mutato, oggi occorre coinvolgere il pubblico, farlo partecipare, provocarlo, farlo sentire, insieme all'artista, attore ed esecutore di ciò che una volta doveva solo ascoltare, subire. Io, proprio perché le realtà sono mutate, ho rinunciato alla mia posizione di leader, ad essere l'Artista, la Voce che dall'alto della sua fama, della sua abilità o della sua esperienza, si concede zittendo gli ubbidienti e fruitori del disco e del concerto.[23]

Nasce l'esigenza di

> preparare il terreno all'azzeramento di una personalità monumentale, per azzerarla prima e successivamente umanizzarla al massimo, farla partecipare alla vita degli altri, comunicare con gli altri per mezzo della musica, della voce anche [...] con cose vere, dette in mezzo agli altri e in mezzo alla musica, non falsamente o ipocritamente modeste, solo uguali a quelle di tutti gli altri[24].

Le premesse teoriche si traducono in scelte musicali che mescolano il Progressive Rock con ritmi latini, il jazz con l'elettronica e, a proposito di ruolo attivo dell'ascoltatore, la voce è registrata a volumi differenti, e ciò comporta l'impossibilità di capirne i testi nel loro insieme. Testi, tra l'altro, che dimostrano la grandezza di Mogol, pur costringendolo a rinnegarsi. Proprio qui sta la grandezza del paroliere: nell'essere a proprio agio pur raccontando storie opposte tra loro, con linguaggi flessibili e immuni a schemi fissi.

> Ho messo la voce in mezzo alla mia musica e ho inteso stimolare gli altri a capire le parole, ad afferrarne il senso o la sola sonorità.

---

[23] CERI 1996, p. 186.
[24] CERI 1996, p. 186.

[...] è il modo che ho scelto per comunicare con gli altri, per essere presente in mezzo agli altri, per essere io quello che dà il pretesto, lo spunto ad un'azione, ad un'operazione. Quale? Non l ho programmata. [...] Ognuno poi reagisce col suo metro, con la sua volontà, con la sua cultura[25].

Battisti, a differenza delle comparse televisive in cui appare insicuro e talvolta fuori luogo, in quest'intervista si muove in modo naturale e forza dove sa di poterlo fare. La sua libertà economica e organizzativa, ora rassicurante e avvolgente, gli permette di esprimersi più liberamente di prima, compromesso e compresso com'era da "tecnici ed economisti" del mondo della mucica.

Il cantante nota come l'arte concettuale non abbia un parallelo nella musica, salvo esperimenti di cui si occupano solo pochi specializzati e trova elementi di contatto tra il suo album-operazione culturale-esperimento, e le forme più recenti di pittura o di arte concettuale. Cita Picasso e le novità che ha introdotto, e, quasi da critico d'arte, si chiede il motivo per cui egli ha potuto e saputo modificare i gusti del pubblico, quando invece altri artisti e cantanti si vedono respinti perché 'non vanno incontro al pubblico', e questo non gli si avvicina[26].

È finalmente una 'persona', senza pressioni e senza obblighi.

Grazie a queste dichiarazioni lucidissime Battisti può ricoprire il ruolo di innovatore consapevole della portata della sua operazione, e non solo di talento musicale precoce e iperattivo. Sempre a proposito di Picasso e dell'arte contemporanea provoca (ma senza nascondere la mano) e probabilmente perde fan a ogni frase (Ciao 2001, la rivista, in quell'occasione vendette 400mila copie, vale a dire 320mila più del solito),[27] ma sono dichiarazioni senza dubbio condivisibili, e studiando la storia dell'arte è evidente un continuo processo di allontanamento dei confini della 'non arte'.

Non lo era Caravaggio, non lo erano gli impressionisti, Picasso... I Beatles, il rock 'n roll e nemmeno le 'troppe note' di Mozart. Gli artisti infrangono i confini, e i critici prima o poi approvano. Battisti rompe gli schemi e si approva.

---

[25] CERI 1996, p 187.
[26] CERI 1996, p. 186.
[27] Impermanenza2.com, L'apparenza.

Anche nella musica è utile fare oggi queste operazioni: nella musica contemporanea l'hanno già fatto, ma nel mondo della canzone, quello più vicino alle masse, quello più immediato, per la gente più semplice, ancora non è stato fatto. Siamo ancora legati alla strofa, alla rima. [...] Questa sudditanza dell'ascoltatore dev'essere modificata.[28]

Quando, poco più avanti, parla dei testi, nonostante l'incontro con Panella avverrà dieci anni più avanti, sembra che il paroliere stia ascoltando attentamente, perché sono frasi che Battisti avrebbe potuto dire parlando proprio dei testi della sua produzione successiva.

Nella mia continua ricerca evolutiva era inevitabile che giungessi a conclusioni di rottura. [...] La voce, le parole, come gli strumenti, fanno parte di un tutto: musica, cantante, ascoltatore, esecutore.

E più precisamente

La voce, i testi, devono uniformarsi ad essa discretamente, essere amalgamati con gli strumenti, lasciare la possibilità a chi ascolta di scoprire sia la voce sia i significati del testo. [...] fa tutto parte di un discorso di rottura, che però è al tempo stesso creativo. Diciamo che lo scopo principale è proprio quello di demistificare alcune situazioni false e anacronistiche, di fare musica per gli altri, permettendo ad ognuno di ascoltare secondo la propria sensibilità, predisposizione o volontà. Cosa che cantando come si è fatto fino ad ora non è certo possibile fare.[29]

Anima latina avrà un buon successo, nonostante lo spaesamento generale e le perplessità di molti critici.
«L'esito più alto cui sia giunta la cultura pop italiana», secondo Francesco Buffoli, che sul sito di Storia della musica.it non esita a ribadire la sua opinione assegnando al disco punteggio pieno.[30]
Battisti pubblicherà ancora quattro album 'convenzionali', lasciando aperto ma a distanza di sicurezza il discorso di *Anima latina*. I

---

[28] Ceri 1996, p.189.
[29] Ceri 1996, p.189.
[30] Storia della musica.it, Anima latina.

quattro album convenzionali, tra cui il celebre *Una donna per amico*, avranno tutti ottimo successo e si celebra la capacità di Battisti di essere sempre alla moda e sempre di moda. Con il successo di *Anima latina* il cantante aveva dimostrato che non sempre i gusti del pubblico vanno assecondati, ma che anzi sì può provare ad esprimere quello che si sente, musicalmente e umanamente, e vedere se queste espressioni vengono capite, e quindi queste canzoni apprezzate. È l'eterna storia del compromesso tra aspirazione personale ed esigenza del pubblico, e Battisti non è certo stato il primo artista a trovarsi di fronte le due strade.

«Guardando nell'azzurro degli occhi di un neonato / sentirsi già resuscitato»[31] lo può cantare forse Gianni Morandi o il 'trasgressivo' Massimo Ranieri: Battisti non può e non vuole più "sbrodolarsi addosso".

Ansioso di mettere in pratica le nuove idee, nel 1982 esce *E già*. È il primo album italiano eseguito interamente senza musicisti. Per la musica leggera è una rivoluzione: Battisti passa da compositore-musicista ad architetto e ingegnere della musica.
Come ha commentato il suo produttore Greg Walsh:

> in quel momento Lucio percepì il cambiamento che sarebbe avvenuto nella musica con l'avvento delle strumentazioni elettroniche. [...] Nei due dischi precedenti lui è a tutti gli effetti un cantante, uno scrittore. Da questo punto invece diventa quasi un progettista di musica, sa dove vuole andare e studia il modo migliore per arrivarci. [...] Lui capì, prima di molti altri, l'importanza dello sviluppo tecnologico delle tecniche di registrazione, che praticamente permetteva di fare un disco senza musicisti. E senza musicisti poteva realizzare un disco molto più personale, il più vicino possibile alle cose che aveva in testa.[32]

La novità artistica passa però in secondo piano di fronte ad un'altra novità: *E già* è il primo album di Battisti i cui testi non sono scritti da Mogol. I testi, come ho già accennato, sono di Velezia, che non è ancora uno dei molti pseudonimi di Panella. È l'acronimo di Grazia Letizia Veronese, moglie di Battisti e forse vera artefice del divorzio della coppia artistica più famosa d'Italia.

---

[31] *Una vita viva, una giornata uggiosa*, L.Battisti e Mogol, 1980.
[32] I.Rebustini, *Specchi opposti. Lucio Battisti. Gli anni con Panella* (2007), pag. 12.

Dai testi si deduce una perfetta conoscenza della personalità e degli interessi del marito, e un'identificazione con lui tale da farlo parlare di sé in prima persona.

O più probabilmente i testi sono dello stesso Battisti, nascosto dietro un acronimo.

Battisti non è un letterato, e se è vero che le musiche sono originalissime e fresche, i testi sono ingenui e didascalici. Qualche elemento *new age*, troppe informazioni inutili, poche strofe incisive, eppure testi che vorrebbero farsi capire, come si nota dagli esempi riportati nelle prossime pagine.

Mogol, come già detto, sa parlare di infinite situazioni senza mai rinnegarsi né superarsi, perché ha capito quanto la vita possa essere varia e colorata se la si guarda con occhi sempre diversi. Non c'è contraddizione in chi parla di malinconia in una canzone e di ribellione rock in quella dopo. C'è semmai la consapevolezza di poter essere "molti", pur capendo realmente e profondamente ciascun carattere. Alcune sue canzoni hanno addirittura il potere di coglierci impreparati, in mancanza di "categorie emozionali" in cui inserirle. Sembrano allegre, eppure si fa strada una nota di tristezza. Sembrano riflessive ma la malinconia sfuma in argomenti man mano più superficiali. Si critica la società, ma con un'ironia tale per cui sembra si scherzi. In *Emozioni*,[33] per esempio, c'è angoscia, c'è speranza, c'è rassegnazione, c'è disperazione: tutte "emozioni" che, una volta attraversate e capite, ci permettono di maturare. Non si capisce se il messaggio finale sia positivo o negativo, ma al secondo ascolto già non ce lo si chiede più.

Le strofe si susseguono dolcemente, accompagnate dalla musica di Battisti, scritta durante la celebre cavalcata da Milano a Roma in compagnia di Mogol.

Seguir con gli occhi un airone sopra il fiume e poi
ritrovarsi a volare.
e sdraiarsi felice sopra l'erba ad ascoltare
un sottile dispiacere.
E di notte passare con lo sguardo la collina per scoprire
dove il sole va a dormire.

---

[33] Emozioni, L.Battisti e Mogol, 1970.

Domandarsi perché' quando cade la tristezza
in fondo al cuore
come la neve non fa rumore.
e guidare come un pazzo a fari spenti nella notte
per vedere
se poi è tanto difficile morire […]
Uscir dalla brughiera di mattina
dove non si vede ad un passo
per ritrovar se stesso.
Parlar del più e del meno con un pescatore
per ore ed ore
per non sentir che dentro qualcosa muore.
E ricoprir di terra una piantina verde
sperando possa
nascere un giorno una rosa rossa.

Battisti, nel suo primo album scritto senza Mogol, con il dono della sintesi, canticchia invece

bella giornata è questa qua
l'aria più fresca ti esalta già.[34]

e prova a superare Mogol nella descrizione di una donna, di una 'forte e debole compagna'.

Sicuramente in linea con il suo progetto musicale: sintetico il testo e sintetici i suoni di tutto l'album.

sei fatale, micidiale
con te non si sta male.[35]

Emerge perlomeno, grazie alla totale libertà espressiva e compositiva, qualche informazione di Battisti non filtrata da terzi. Due canzoni dedicate alla musica, di cui una riguarda la creazione e una l'ascolto, e un'altra, *wind surf*, dedicata proprio alla sua passione del periodo. Sono qui descritti una serie di preparativi che il cantante compie: arrotolare le vele, montare il portapacchi, mangiare una mela, e finalmente, arrivato sul lago di Bolsena:

[34] Scrivi il tuo nome, E già, 1982.
[35] Mistero, E già, 1982.

un aereoplano ci sorvolerà
e il capitano son certo sorriderà
[...]
chi ci vedrà probabilmente dirà
toh un altro matto e dopo sorriderà.[36]

Non è tutto così spensierato e superficiale. O meglio, spensierato no, superficiale credo di sì. Ecco una strofa tragica di *"non sei più solo"*:

tu sei seduto tutto imbacuccato
e intanto guardi l'acqua corrucciato
tu ci hai provato, si, tu ci hai provato
ma la tua strada non hai trovato.[37]

Corrucciato e imbacuccato rischia di rimanerlo proprio Battisti, che *la sua strada non ha trovato,* pur avendoci provato.
Come già accennato, da 'E già' a 'Don Giovanni', l'album successivo, passano ben quattro anni. Cosa fa, cosa compone, cosa pensa in quegli anni? Produce un disco di Pappalardo, una delle poche persone con cui ha contatti, e ne approfitta per curarne gli arrangiamenti, per suonare la chitarra, il basso, e per manovrare i sintetizzatori, di cui era esperto e appassionato come pochi in Italia. Negli studi di registrazione della RCA, il primo giorno di prove, Pappalardo fa sentire all'amico i primi brani, già completi di testi, e la conversazione va esattamente così: «che ne pensi?». Lucio: «Di chi è?». «Di Pasquale Panella», risponde Pappalardo. E Lucio: «Do'sta?». Adriano: «Qui». «Vallo a chiamà. Questo è un genio», ribatte Battisti.[38]

[36] Wind surf, E già, 1982.
[37] Non sei più solo, E già, 1982.
[38] PIANCATELLI, 1999 p. 6.

Di Panella e della sua ironia non solo letteraria ma anche lessicale[39] ho già parlato. Come descritto e analizzato bene in "Pensieri e parole" di Luciano Ceri,

> era dunque possibilissimo che queste sue attitudini trovassero piena consonanza in Battisti, perché tutti e due stavano in fondo facendo la stessa cosa, compiendo lo stesso percorso: una de-strutturazione del linguaggio canonico, musicale e letterario, della canzone, mantenendone la forma ma scomponendone gli elementi.[40]

Sarà proprio così.

L'incontro con Mogol era stato fortuito: non si erano cercati con precisi progetti in mente, ma si erano comunque cercati, come due venticinquenni che sperano di poter dire la loro unendo i mezzi.

Quando Battisti e Panella si incontrano sono due quarantenni, ciascuno con la propria strada alle spalle che lo conduce, casualmente ma inequivocabilmente, dall'altro. Non si cercano, ma hanno precisi progetti in mente e sanno di poter dire la loro unendo i mezzi.

---

[39] CERI 1996, p.233: "la scrittura di Panella si articolava in immagini curiose, in similitudini e metafore inusuali, e soprattutto prediligeva i giochi di parole, le assonanze, le allitterazioni, i campi di vocali e consonanti all'inizio e all'interno delle parole, insomma un'ironia non solo letteraria ma anche lessicale".

[40] CERI 1996, p.233

LA POETICA DEGLI ALBUM BIANCHI

Dal 1982 Battisti ha ormai rinunciato alla promozione dei suoi dischi; se ne occupino le case discografiche, scelgano loro i formati, i supporti e i singoli per la pubblicità del disco in radio.

I risultati delle vendite, d'ora in avanti, saranno scarsi, e oltre alla proverbiale antipatia e arroganza di Battisti (che antipatico e arrogante, si dice, lo era sempre stato), stavolta antipatiche e arroganti saranno considerate anche le sue musiche.

L'elettronica negli anni '80 era presente in molti album stranieri, che dopo averla inserita nei loro pezzi con scopi sperimentali, l'avevano accettata come 'suono' non meno reale di altri[41].

In Italia era ancora una provocazione, se non un tabù: ne facevano uso sin da metà anni '70 il Banco del Mutuo Soccorso, Battiato, e qualche gruppo, appunto sperimentale, di progressive rock. Oltre allo stesso Battisti, che già dal 1974, con *Anima latina* aveva dato prova di sapersi 'inventare' strumenti, suoni ed effetti.

Il primo degli album bianchi, *"Don Giovanni"*, esce nel 1986.

Dopo pochi secondi di ascolto lo si poteva bollare come 'incomprensibile', se non: «ma che lingua è?», commento di cui sono stato testimone.

Il primo pezzo, "le cose che pensano" in realtà, musicalmente è uno dei più tradizionali. La tastiera accompagna i versi di Panella che, tutto sommato, ci racconta una storia:

> In nessun luogo andai
> Per niente ti pensai
> E nulla ti mandai
> Per mio ricordo
> Sul bordo m'affacciai
> D'abissi belli assai.
>
> Su un dolce tedio a sdraio
> Amore ti ignorai
> Invece costeggiai
> I lungomai

---

[41] I Krafterwerk, i Soft Cell, gli Heaven 17 o Electronic sounds di George Harrison, del 1969

M'estasiai.
Ti spensierai.[42]

Il *dolce tedio a sdraio* e gli evocativi *lungomai* non sono provocazioni senza senso né errori di battitura e quindi di pronuncia, ma possibilità che il linguaggio ha. Si potrebbe dire che Panella evoca... «la parola non evoca, la parola non evoca nulla» taglia corto il paroliere intervistato da Alfonso Amodio e Mauro Ronconi.[43]

Si potrebbe allora pensare che Panella parli di emozioni dirette e immediate, senza evocazione o poesia. Poco più avanti però, nella stessa risposta, boccia anche la seconda interpretazione:

> Io non parlo di emozioni, io sono l'emozione, questo è il punto. Non esiste parlare di emozioni, è ridicolo, ma ti rendi conto, il pubblico ti chiede "Parlami di emozioni!" Ma che, sei un commerciante? In cosa tratti? Tratto in emozioni, ti parlo di emozioni. Io sono l'emozione.

A Panella, come già detto, piace scrivere, come atto, come flusso di caratteri. Come gioco. «Se questo è il gioco», parlando dello scrivere canzoni, «beh...»

> A me piace portare la canzone all'estenuazione, cercare il limite estremo, dare alle parole ed al loro susseguirsi una strana configurazione.
> Mettere a rischio le parole, provare a confonderle,
> prima che loro- e la noia- prendano il sopravvento.[44]

Tratta da un'altra intervista ma con lo stesso significato, è un'altra dichiarazione in cui Panella definisce i motivi che lo portano a scrivere e aggiunge un elemento. Un invito a fruirne.

> Il mio gioco è proprio trascorrere e percorrere le parole e i sensi.
> Invito al ritrovamento di un tesoro che tutti vogliono evitare[45].

---

[42] Le cose che pensano, Don Giovanni, 1986

[43] AMODIO E RONCONI 1999, p.141

[44] Treccefresche.it

[45] Treccefresche.it

Non posso asserire che di tesoro davvero si tratti, ma quel che per Panella è piacere puro e creativo, non di rado si avvicina a obiettivi raggiunti da poeti e letterati giudicati più "piacevoli". Sull'eco del primo brano, anche in "madre pennuta" tornano i passati remoti, con la loro antica dolcezza e l'inevitabile potere evocativo.

> Vidi tra mille la goccia d'acqua mia
> Prigionia
> Ho visto la neve
> Nei vetri che agitai
> Ma agitai le finestre e mai
> Sfere da souvenir
> Guidai, l'accostai e sorpassai
> Il tempo.[46]

Sembra che ci si possa lasciar cullare dal suono delle parole, se non fosse che all'ascolto si rimane spiazzati perché si scopre che la voce è spesso l'unico suono presente. Le basi elettroniche che lo stesso Battisti elaborava grazie agli strumenti tecnologici più avanzati disponibili, scandiscono il tempo con ritmi ad una prima analisi ripetitivi e 'senza anima', che ad un orecchio più abituato a ritmi 'moderni' invece permettono di scovarvi tutti i generi degli anni '80 e '90: funk, dance, rock, dub, funk, techno, house, new wave, e in questo album persino divagazioni jazz, come in 'fatti un pianto' ed elementi più controllabili e rassicuranti, presi direttamente da una rumba, in *Don Giovanni*, oltre a, in alcuni casi, anche forme musicali che prenderanno forma definitiva solo più avanti, come il rap e l'hip hop.

Alcuni versi in particolare sono stati sin da subito bersaglio dei sostenitori di Mogol, perché per quanto anche in *supermarket, una, il salame,* e in altri pezzi noti scritti da Mogol vi sia l'abbinamento amore-cibo, era sempre stato più comprensibile che nelle visioni di Panella.

Non era però mai stato così preciso e sfizioso:

> Da un chilo di affetti,
> un etto di marmellata.

---

[46] Madre pennuta, Don Giovanni, 1986

Se sbatti un addio c'esce un'omelette.
Le cosce dorate van fritte
Coi sorrisi fai croquettes

E tu dici ancora che non parlo d'amore
Batte in me un limone giallo basta spremerlo.[47]

Che senso possono avere questi (e tutti gli altri) versi?
Talvolta Panella è definito erroneamente un filosofo, perché, come molti filosofi è spesso incomprensibile.
E di fronte all'incomprensibile due sono le definizioni per inquadrare il responsabile: o è un filosofo, o è stupido.
Tra le due possibilità, credo che Panella preferisca la seconda.
Niente si allontana tanto dalle sue intenzioni quando il ruolo del filosofo e della filosofia. Panella non si è mai dichiarato "stupido" ma, con la solita ironia, ne ha difeso le ragioni. In realtà, già la lucidità di analizzarsi, non ne fa uno scemo qualunque. Panella tende a quella condizione, la teorizza, la sublima.
Si definisce «un orologio rotto» (che due volte al giorno dà l'ora esatta), il suo cervello, invece di pensieri, «fa ravanelli, o quello che gli pare fuori stagione»[48] e non legge. Non si deve leggere. I libri, tuttalpiù, vanno visti.
Le difese dei pazzi (ma pazzi lucidi, e la categoria si restringe notevolmente) le prende quando dichiara, alla fine dell'intervista riguardo l'opera di Cocciante Giulietta e Romeo i cui testi sono appunto di Panella, di voler «parlare a vanvera[49]». Di non avere recensori, di passare inosservato. Leggermente paradossale per chi fa delle parole il proprio mestiere.
Riguardo al citazionismo di Zucchero, ovvero alla tecnica compositiva che prevede che si inseriscano dei collages di citazioni altrui e di rimandi, cantante per cui Panella scriverà alcuni testi, il paroliere respinge l'insinuazione di plagio: «ormai non è possibile che una canzone di canzoni», e subito dopo: «oggi è ridicolo dire qualcosa con capo, fine e coda».[50] E chiaramente il discorso trascende

---

[47] Fatti un pianto, Don Giovanni, 1986
[48] Treccefresche.it
[49] Treccefresche.it
[50] Treccefresche.it

l'esempio di Zucchero per abbracciare tutto il mondo della comunicazione.

È vero che l'ultimo album prodotto dalla coppia Battisti-Panella si intitola Hegel, ma è anche vero che sulla copertina, bianchissima come sempre, campeggia una grande "E", e non una grande "H". «Non sapevo che Hegel si scrivesse con l'acca»[51] ammette il paroliere per tagliare corto, ma poi nelle otto tracce dell'album compaiono riferimenti all'estetica hegeliana, all'università di Jena, a Tubinga...anche se tutti avvolti nel flusso elettronico-ipnotico che di filosofico vuole avere il meno possibile. È un colto suo malgrado, un lettore che non vorrebbe esserlo. Carmelo Bene ha lavorato spesso in questa direzione: far vivere la cultura in modo sensoriale. Non importano i messaggi delle tragedie di Shakespeare, non importa la trama né la scenografia; importa solo che qualcuno abbia detto certe battute e che queste battute ritornino, riprendano vita. Non ci si chiede cosa si è capito dopo aver visto un'opera di Carmelo Bene, né cosa si è vissuto. Ci si deve chiedere cosa si è subìto, o non chiederselo neanche. Avviene un fenomeno simile con le canzoni degli album bianchi, per cui chi più rinuncia al ruolo attivo, meglio si avvicina allo scopo che i due autori sperano di ottenere. Carmelo Bene cita chiunque, purché abbia scritto almeno due righe, ossessivamente e spesso patologicamente (perché può essere sinonimo di insicurezza intellettuale). Panella in questo è superiore all'artista salentino e sicuramente più coerente. Entrambi vogliono dimenticarsi la cultura superandola, ma Panella l'ha fatta propria e involontariamente questa torna alla luce, più nella sua produzione che nel suo modo di essere, mentre Carmelo Bene-personaggio la lascia trasparire più spesso, parla di cultura, la cita. Vuole sembrare intelligente; qualche volta si lascia tentare. La sua produzione e le basi su cui essa si regge, vanno però nel senso opposto. Il divismo intellettuale non va d'accordo con un teatro che fa del non-essere la sua ragione di (non) esistere.

Esistono altri casi nella letteratura di tentativi di allontanamento dalla sfera "del senso", del "comprensibile" e del "da comprendere".

---

[51] Lucio Battisti.info

In che direzione possono indirizzarci le mille pagine dell'*Ulisse* o il *Finnegan wake* di Joyce? Si tratta di uno *stream of consciousness* tutt'altro che virtuosistico e manierista. Il linguaggio è nato per comunicazioni pratiche, istantanee, superficiali. Come esprimere una condizione di abbandono fluttuante, di pigrizia necessaria e di dolcezza avvolgente? Le parole si rivelano presto per quello che sono: sigle alle quali attribuiamo un valore più o meno stabilito. La poesia nasce come apertura delle possibilità d'interpretazione: qualunque manuale di psicologia o di neurologia può descrivere con termini esatti lo stato d'animo di Leopardi seduto su un ermo colle, ma il lettore non capirebbe nemmeno se il poeta sta provando sensazioni piacevoli o meno. La poesia comunica con chi la vuole cercare, come fosse uno specchio che non deforma ma definisce meglio, aiuta a leggere le forme.

Ma se ci si vuole avventurare oltre, ed esprimere sentimenti profondamente vissuti o intuizioni lampanti, nemmeno la poesia più evocativa basta. Nascono così tante altre forme d'arte, meno descrittive ma più comunicative e spesso, per chi vuole coglierle, immediate. La tensione espressionista delle crocifissioni di Grünewald, l'affollamento di figure che si liberano sulle tele dei primi quadri astratti di Kandisnkij, la danza contemporanea, l'Urlo... Linguaggi, insomma, che rifiutano la letteratura perché troppo collegata alle descrizioni concrete di fenomeni e situazioni. Sarebbe come sostenere che il francese è adatto solo alla descrizione di elaborati antipasti, il tedesco è nato apposta per esprimere tesi, antitesi e sintesi, e con l'americano ci si deve accontentare di ordinare in un *drive in* del cibo *take away*. Le lingue però si adattano, si evolvono e si scambiano termini, e quando anche ciò non bastasse, nulla vieta di inventare parole e associazioni.

Non si capirà tutto, ma proprio nel bello dell'incomprensione risiede una categoria estetica poco studiata e poco apprezzata: l'abbandono. L'abbandono al non senso, al non detto. Il «vorrei immergermi nel vuoto assoluto e divenire il non detto, il non avvenuto, il non vergine per mancanza di lucidità[52]», teorizzato da Léo Ferrè che, abbandonandosi al flusso, lasciava la lucidità altrove («la lucidità me la tengo nelle mutande»).

---

[52] Léo Ferré, La solitudine, 1972

Ma è Ivano Fossati, con la canzone *Il battito*[53] a scriverne il manifesto.

Come fa notare Claudio Fabretti su *OndaRock*[54], la polemica di Fossati è un *j'accuse* sulla superficialità imperante, sulla smania della sintesi a tutti i costi, che costringe il pensiero a restringersi e farsi piccolo. E, dall'altra parte, si celebra l'incomunicabilità e la dolce rinuncia a capirsi. Già dalle prime righe.

Dateci parole poco chiare
quelle che gli italiani non amano capire...
Basta romanzi d'amore, ritornelli
spiegazioni, interpretazioni facili...
Ma teorie complesse e oscure, lingue lontane servono...
Pochi significati, titoli, ideogrammi, insegne, inglese, americano
slang.
Senza studiare senza fiatare basta intuire che è anche troppo...
Colpo d'occhio è quello che ci vuole uno sguardo rapido.
Il nostro suono, il nostro suono è un battito...
Parole incomprensibili siano le benvenute così affascinanti
così consolanti...
Non è nemmeno umiliante non capirle anzi
così riposante [...]
Mai più canzoni in italiano, greco, slavo,
poca letteratura, brevi racconti al massimo,
scrittori intraducibili, relazioni elementari, poeti ermetici...
Tv irreversibile, con accenti diversi, con accenti diversi...
Esotici.
Ora davvero basta con la trasparenza;
voglio una cultura davvero sottostante
davvero inapparente e soprattutto per sempre...
Voglio essere ricordato nella prossima era
come un glaciale geroglifico
come un bassorilievo
come un graffito inesplicabile perché del tutto inutile....
Dateci le parole poco chiare quelle che gli italiani non amano capire, costruiremo una nuova cultura rapida ed estetica
E il pensiero sarà un colore, il colore sarà un suono, il nostro suono
un battito...

[53] Ivano Fossati, Il battito, L'arcangelo, 2006
[54] Onda rock.it, Ivano Fossati, La musica che gira intorno

E il pensiero sarà un minuto, il minuto un suono, il nostro suono
un battito...

Senza spirito critico ma con grande prova di accettazione
dell'incomprensibile e della vita, è quello straordinario condensato
di filosofia occidentale novecentesca racchiuso nella frase pronun-
ciata da Mastroianni, nel finale di *8 e ½* , quel «ma questa confusione sono io» che da anni mi risuona in testa.
È anche l'accettazione del flusso da parte del Siddharta di Herman
Hesse, che rinuncia sia alla ricchezza che all'ascetismo quando
trova il suo equilibrio sulla sponde di un fiume, contemplandone
il flusso senza necessariamente capirlo.
Non sto andando fuori tema, perché l'analisi corretta della poetica
di questi album sta tutta nelle premesse, e non certo nell'analisi
dei testi e degli spartiti.
Credo che nessun critico abbia mai evidenziato che i brani del periodo Mogol sono distinguibili da quelli del periodo Panella dan-
do un semplice colpo d'occhio agli spartiti. A dispetto di quella
che è l'opinione diffusa secondo la quale Battisti nell'ultima fase
componeva da seduto affidandosi a computer che costruivano basi
elettroniche, riducendo al minimo gli sforzi creativi ed esecutivi, e
a dispetto di conseguenza dell'altra opinione secondo cui le canzoni del primo periodo sono musicalmente molto più complesse e
ricercate, ebbene, sfogliando gli spartiti si nota proprio il contrario.
La quantità di accordi presenti in una canzone non è sicuramente
indicativa della qualità del pezzo, ma anche su un piano più tan-
gibile me ne accorgo: una decina di canzoni di Battisti e Mogol sono costruite su quattro accordi, *La canzone del sole* è una successio-
ne di tre accordi, *le allettanti promesse* addirittura di due. *Il diluvio*,
presente nel primo album bianco, dopo il breve giro armonico ini-
ziale, ne ha già triplicato il numero: *Do Sim7 Do Re Do Sim7 Sol9 Fa
Sol Fa Mim7 Do*
Sempre all'album *Don Giovanni* appartengono *Equivoci amici* e *Che
vita ha fatto*, delle quali riporto, in quest'ordine, l'inizio.

Si7+/9 Sol#m7/11 Mi Fa# Si7+/9 Sol#m7/11 Mi Fa#
. . . .

Do#m7   Mi   Fa#6 Sol#m Fa# Do#m7   Mi
Cassiodoro Vicinetti   Olindo Brodi,

        Fa#6   Sol#m Fa# Do#m7   Mi
Ugo Strappi,   Sofio Bulino,

            Fa#6 Sol#m   Fa#   Sol#m Re#m7 Do#
Armando Pende Andriei Francisco Poimò

Do#m7   Mi   Fa#6   Sol#m Fa#
Tristo Fato, Quinto Grando

Do#m7   Mi   Fa#6 Sol#m Fa#
Erminio Pasta, Pio Semi

Do#m7   Mi   Fa6
Ottone Testa, Salvo Croce

Sol#m7 Fa Sol#m Fa#   Mi
Facoffi Borza, Aldo Ponche.

Solm7/9 Dom7/9 Solm7/9 Lam7/4 Re7 Solm7/9

. . . .

Dom7/9 Solm7/9 Mib6/9 Lab9 Solm7/9 Lam7/4 Re7

. . . .

Solm7/9
   Che vita ha fatto

       Dom7/9 Re7/9b Solm7/9   Dom7/9 Re7
   a immaginarsela   così colà la vita

Solm7/9
   che vita ha fatto

       Dom7/9 Re7/9b Solm7/9   Mib6/9 Lab9
   ad aspettarsela   convinta che

Solm7/9   Dom7/9 Solm11
   la vita c'è.

Solm7/9
   Che vita ha fatto,

       Dom7/9 Re7/9b
   se torna a nascere

Solm7/9
   non torna più,

       Dom7/9 Re7
   non sia   mai.

Cito ovviamente due tra gli esempi più interessanti, e non cito brani comunque sofisticati che Battisti ha scritto prima dell'86, perché la mia intenzione si limita semplicemente all'evidenziare come vi sia un lavoro di ricerca musicale anche dietro agli album elettronici. Non ho i mezzi per sostenere che riguardo alla ricchezza della partitura musicale anche il brano più scarno del duo Battisti-Panella risulta comunque più sofisticato del più elaborato della coppia Battisti-Mogol. Non ho i mezzi ma ho i sensi per capirlo: salvo i pezzi di *anima latina* e qualche brano che ho scoperto solo recentemente, quindi il discorso è riferito un centinaio di canzoni del primo periodo, non scopro niente di nuovo ad ogni ascolto.

Non è serio fare teorie generali a partire da un personale difetto di approccio, ma credo di non essere l'unico ad aver sentito tante volte una canzone, da averla svuotarla di senso. Mi dimentico sin dalle prime note, che ogni canzone trasmette, se non proprio un messaggio, almeno un'atmosfera. Mi limito a riconoscerla (e non a riconoscerla).

Si tratta di musica leggera, e in questo senso Battisti ha scritto dei capolavori: costruire una canzone come *le allettanti promesse*, tra le più dense di messaggi e inviti etici, su due soli accordi, significa conoscere i segreti della composizione quasi quanto Rossini che compone su una nota sola, e riuscire nell'impresa della canzone leggera, cioè la semplificazione e la liberazione da schemi e da canoni accumulatisi dal Rinascimento al dopoguerra. Battisti è stato grande due volte: ha rotto gli schemi negli anni '60 semplificando al massimo la composizione, e l'unica via per andare oltre, negli anni '80, era rompere i suoi stessi schemi, complicandola. Non penso sia troppo audace affermare che ad una composizione semplice e orecchiabile spesso corrisponde l'apprezzamento immediato (ma anche la noia oltre il decimo ascolto), mentre per brani più complessi, la noia è d'ostacolo durante i primi ascolti, ma una volta superata, questi si possono ascoltare ripetutamente scorgendoci sempre elementi nuovi. Mi succede per l'opera- per Puccini, e so che mi succederebbe anche per Wagner, se avessi la pazienza di ascoltarlo altre dieci volte.

Non ricordo più le mie sensazioni legate ai primi ascolti degli album bianchi, ma ricordo le prime ore di guida, appena presa la patente, a chiedermi senza giudizi e pregiudizi, il senso di *amarsi è questo escludere d'essere i soli al mondo / i soli ad esser soli / amando e sterminandola / l'invincibile armata*[55] che lo stereo ripeteva ipnoticamente. È quasi inverosimile che in quel periodo io non abbia fatto incidenti, ma lo è altrettanto il fatto che quei pezzi sempre uguali, ormai mi circondavano. In macchina, a casa, nel lettore mp3. *I campi gialleggianti di frumento,*[56] il fatidico *costeggiai i lungomai,*[57] o le elegantemente ambigue *pompe con l'acqua nelle vene* che *cominciano a ballare e pioggiano di gioia.*[58] Insomma, ad ogni ascolto vi scoprivo, e accade tutt'ora, elementi, pieghe, toni e accenti da credere quasi di non aver mai ascoltato le stesse canzoni. E non è poco, per essere musica leggera. Certo, non le si suona con una chitarra intorno a un falò e nessuno propone in una serata estiva di fare *la trigonometria dei finestrini corrispondenti agli occhi alessandrini,*[59] ma quando si rimane soli a passeggiare sul molo prima di tornare a casa, *10 ragazze per me* dimostra i suoi limiti.

Non so se è prevista prima o poi, durante un ennesimo ascolto, un' "epifania" improvvisa per cui le quaranta canzoni di Battisti e Panella si sveleranno nella loro forma e nel loro contenuto.

Più probabilmente la comprensione di questi album sta nella loro accettazione come fiumi di batteria e voce, perché non vogliono essere altro. Luciano Ceri, recensendo l'album *L'Apparenza* esprime critiche applicabili anche all'album precedente e ai tre successivi.

> Quello che sembra essere al centro dell'attenzione di Battisti è la parola come suono, l'individuazione dell'essenza ultima della canzone, che è anche il suo carattere unico e distintivo: quello di essere cioè versi cantati, la difficile unione degli opposti, la parola e la musica, due elementi espressivi con proprie regole e con propri ritmi interni , ma tuttavia possibili di incontro e di fusione.[60]

Battisti, come già spiegato, dal suo esilio volontario non ha mai parlato delle sue ultime scelte musicali né di nient'altro, e per ave-

---

[55] Lucio Battisti, i ritorni, La sposa occidentale, 1990.
[56] Tutte le pompe, Cosa succederà alla ragazza, 1992.
[57] Le cose che pensano, Don Giovanni, 1986.
[58] Tutte le pompe, Cosa succederà alla ragazza, 1992.
[59] La metro eccetera, Cosa succederà alla ragazza, 1992.
[60] CERI 1996, p. 242.

re informazioni sul periodo bisogna quindi affidarsi alle ironiche e spesso paradossali dichiarazioni di Panella. Paradossalmente, l'argomento che Panella tratta in modo più insistente e "sensato" è proprio il non senso.

> Riguardo ai testi che scrissi per Battisti, ritengo non sia importante una loro comprensione. Quei testi sono stati come delle apparizioni, chi li dovesse capire non è adatto all'innamoramento.[61]

Perché nulla è più offensivo, tra un uomo e una donna, che ci si debba dire «fàmmiti sampre capire».[62]
Se da una parte si teorizza come unica via il *non senso*, dall'altra non si può non criticare gli alfieri del *senso*. Si rivolge a loro, parolieri o ascoltatori che siano.

> C'è chi vuole trovare il senso mancante, come se ciò fosse possibile.
> Ma il senso, come loro lo intendono, non esiste.
> Son io che non capisco loro.[63]

E sempre pensando a loro

> C'è chi dice "mi ha derubato perché non capisco".
> Ma cosa vogliono capire?
> Che la vita è difficile, che l'amore fa soffrire?
> Vogliono capire solo quello che sanno già.[64]

Nella stessa intervista, rilasciata a Ernesto Assante, all'indomani dell'uscita dell'album *Hegel*, l'ultimo prodotto da Lucio Battisti, il discorso si fa via via più radicale. Panella costruisce il suo sistema di opposti: o si è didascalici in malafede, o si parla senza dire, e non è certo un limite, anzi, è una liberazione.

> Dicono che non sono semplice. Si può essere semplici e comprensibili, ma quelli che dicono di esserlo sono i primi a non essere chiari, sono in malafede, non vogliono davvero che qualcuno capisca.
> Io non sono in malafede, io non voglio dire, non ho nulla da dire

---

[61] Rate your music.com, Battisti.Panella, il cofanetto.
[62] Treccefresche.info
[63] CERI 1996, p. 275.
[64] CERI 1996, p. 274.

[...] La canzone, l'arte, dovrebbe essere piacere, godimento. C'è chi cerca un senso anche nel piacere?[65]

La tesi di Panella ha indubbiamente senso, e sembra di risentire Kandinskij e Schönberg che ottant'anni prima ripetevano che così come la musica non imita i suoni della natura, anche la pittura non dev'essere imitazione della natura. Panella trova insostenibile «l'eufonia raccapricciante del pascolismo della canzone italiana»,[66] e deve sembrargli che la musica non sia mai stata così regredita, cioè così mimetica verso la natura, se «in fondo dà la possibilità ai cronisti, al pubblico, ai cantanti, di esprimere il loro malore, i propri piccoli rammarichi, il proprio mal di denti, e questo fanno».[67] Sembra un concetto elementare: la musica può essere un piacere dell'udito, e come tale può essere disinteressata e disimpegnata come lo è un piatto di lasagne, un quadro astratto o una qualunque sinfonia. L'Italia ha però visto susseguirsi troppi cantautori impegnati che hanno cercato di avvicinare l'idea di "canzone" a quella di "impegno politico e messaggio etico", fino quasi a confondere le categorie. Panella, nella sua feroce critica, non ha tempo e voglia di analizzare centinaia di brani impegnati per scovarvi più o meno senso e per dimostrare come nessuna di queste canzoni abbia cambiato il corso della storia. E come si vedrà nelle pagine seguenti, nel panorama musicale degli ultimi quarant'anni la rilevanza della musica impegnata è minima, se il dato è confrontato con l'oceano della canzonetta del (buon)senso all'italiana. Panella, lo ripeto, non è un intellettuale; è semmai un predicatore del *non senso*, e non lo è per provocazione o per capriccio momentaneo, ma per condizione necessaria, per (de)formazione professionale. Non lo fa per vanità, perché anzi:

> Io considero un grande illecito, un grande sconcio, manovrarle (*le parole ndr*) nel senso favorevole all'abbellimento di se stessi di fronte a un pubblico che poi ti dice "bravo! Che bello!", che ti compra soltanto perché cade nell'inganno della tua comunicazione.Già, la famosa storia del comunicare, tanto più si comunica, meno si è chiari. Si può essere insomma didattici, sicuramente, si può essere

---

[65] Ceri 1996, p. 274
[66] Treccefresche.info
[67] Wikiquote.org, Pasquale Panella.

didascalici, si può essere esemplificativi, si può essere anche semplici, ma… in assoluta malafede. […]
Stanno lì che difendono questa semplicità espositiva tirando fuori la solita storia che chi parla oscuro lo fa per casta; ma oscuro che, oscuro cosa, visto che in me si potrebbe dire che non c'è nemmeno un parlare, non c'è nemmeno il parlare, io sono precedente al chiaro, altro che oscuro, non mi pongo il problema della chiarezza, sono pre-claro.[68]

Il problema della chiarezza, senza fare ora distinzione tra musica impegnata e canzoni d'amore, se lo sono posti invece quasi tutti i cantanti e gli autori che si trovavano in cima alle classifiche di vendita, sia per album che per autore. Nel grafico[69] sono proposti i dati di vendita di alcuni autori. Battisti, dal 1964 al 1998, ne ha venduti (soli) 25 milioni, ma non è questo il senso del grafico. Domina, secondo una citazione giù usata in precedenza ma appropriata, «la canzoncina, la musica leggera, questa cosa acquietante, torporosa, analgesica, democristiana, berlusconiana»[70] come la definisce, ovviamente, Panella.

---

[68] CERI 1996, p. 256
[69] Wikipedia.org, Lista degli artisti musicali italiani per stime di vendita.
[70] Wkiquote.org, Pasquale Panella.

Artista	Periodo di attività	Vendite stimate
Adriano Celentano	1957–in attività	150 milioni
Mina	1958–in attività	150 milioni
Patty Pravo	1966–in attività	110 milioni
Pooh	1966–in attività	100 milioni
Al Bano	1966–in attività	100 milioni
Toto Cutugno	1966–in attività	100 milioni

Umberto Tozzi	1968–in attività	75 milioni
Laura Pausini	1993–in attività	70 milioni
Eros Ramazzotti	1981–in attività	60 milioni
Edoardo Vianello	1957–in attività	50 milioni
Gianni Morandi	1962–in attività	50 milioni
Rita Pavone	1962–in attività	50 milioni

I dati di vendita relativi ai singoli album sono indicativi dello stesso fenomeno: domina la canzoncina; la musica leggera.
Questa cosa, e stavolta lo possiamo affermare noi: acquietante, torporosa, analgesica, democristiana, berlusconiana.

1985	Claudio Baglioni	*La vita è adesso*	4.800.000
1998	Mina, Adriano Celentano	*Mina Celentano*	2.365.000+
1999	Adriano Celentano	*Io non so parlar d'amore*	2.360.000+
1999	Lunapop	*...Squérez?*	1.870.000+
1981	Claudio Baglioni	*Strada facendo*	1.850.000+
1989	Zucchero	*Oro, incenso e birra*	1.840.000+
1988	Antonello Venditti	*In questo mondo di ladri*	1.500.000+
1990	Claudio Baglioni	*Oltre*	1.300.000+

Non compaiono, né in una classifica né nell'altra, i cosiddetti "cantautori impegnati": De Andrè, Dalla, Guccini, De Gregori, Lolli, Gaber... fermi a un decimo delle vendite dei più popolari. E questo a dispetto di chi crede che tra gli anni '60 e gli anni '80, il pubblico voleva sentire l'impegno sociale, civile e politico in ogni gesto e in ogni canzone. La critica al *senso,* (quello in malafede, quello di chi vuole essere chiaro) è quindi rivolta alle canzoncine d'amore, così vuote di significato, eppure così convinte di essere poesia pura se non addirittura "utili". La canzone *vattene amore,* cantata da Amedeo Minghi e da Mietta, passa inosservata tra questa glassa amorosa, tra questa crema sentimentale. Spiccano però i versi:

> magari ti chiamero'
> trottolino amoroso e du du da da da
> e il tuo nome sara'
> il nome di ogni citta',
> di un gattino annaffiato
> che miagolerà[71]

tanto sdolcinati da (non) poter essere veri. *Trottolino amoroso* è forse l'inverzione linguistica più rappresentativa di questo miliardo e mezzo di "Italia lato A e lato B" venduta anche all'estero. Si sa però che serve un genio dietro alla cultura popolare, per sublimarla ad arte. Fellini coglie Roma e la sublima dietro una cinepresa, Al-

---

[71] Amedeo Minghi e Mietta, Vattene amore, Canzoni, 1990

tman seleziona e seziona il degrado dell'America più decadente e lo ricostruisce per immagini e suoni, e Wahrol è tanto ironico e immerso nei fenomeni che lo circondano che non si è mai capito se fosse genio critico o vittima. *Trottolino amoroso* è una perla troppo lucida per essere casuale e involontaria. Ecco infatti Panella, che lucidissimo e ironico se ne assume ridendo la paternità.

> Per me fu vera e propria sperimentazione. Altrove andavo a braccio, qui cercai. Quel verso lo volli e l'ottenni, me lo estorsi godendo, sia da estorsore che da defraudato, mi colsi sul fatto, ebbi coraggio... fu un verso urgente... come quando, abbracciato, abbracci, vuoi dire e non sai che cosa, vuoi suono, sei senso e vuoi suono, vuoi sboccare più che dire... mi commuovo al pensiero... e la commozione se lo divora, il pensiero... per voce maschile è "trottolina"... mi viene da piangere, piango col ventre...[72]

Panella non è il primo autore a scrivere testi "poco chiari" ed ermetici, ma come appena illustrato nessuna definizione si adatta al suo linguaggio. Il paroliere non cita mai altri autori o altri cantanti, e non azzarda nessun confronto con questi, semplicemente perché più in generale il mondo della canzone non fa per lui. Dall'ottimo blog di Amos[73], contenente una archivio sterminato e caotico (com'è giusto che sia, parlando di lui) di documenti relativi a Panella, seleziono, riguardo il rispetto verso il mondo della canzonetta:

Il mondo della canzonetta non è contenuto né contenitore:
è pura astrazione artistica (Siae), pura aleatorietà
imprenditoriale (discografia), autentico abbaglio di invasati vocazionali (i cantanti).

Opporsi ai cosiddetti mondi, quindi anche a quello della canzonetta, bene o male è già un segno, se pur vago, di riconoscimento di un ambiente.
E questo ambiente, invece non esiste.
Non è degradato da bassa imprenditoria o ridotta vocazione: proprio non esiste!

La canzone è inascoltabile. È una fenomenale perdita di tempo,

---

[72] Sentire ascoltare.com
[73] Treccefresche.it

anche perché sporca lo stile orale di tutti i giorni.

Il cantante, l'autore, il poeta sono dei gran truffatori che si trastullano con le parole.

Comunque le canzoni sono canzoni, non poesie.
E io non posso prendere sul serio le canzoni.

Nessun autore ha il coraggio (o l'incoerenza?) di dissociarsi tanto dal mondo nel quale, e grazie al quale, vive.

Non si rendono comunque più simpatici i parolieri che fondano scuole di scrittura di testi per canzoni, o quelli che, citati in un'antologia scolastica, si considerano poeti al pari di Ungaretti e di Montale, riportati nelle pagine precedenti.

Alcuni versi di Panella possono ricordare quelli, altrettanto oscuri e colti, di Battiato. Ma basta conoscere l'episodio del *"quanto ce n'entra"*[74] per scorgervi subito la distanza degli intenti: da *L'apparenza* in poi Panella scrive i testi, e successivamente Battisti provvede alle musiche, a differenza di quanto avvenuto nell'album precedente e di quello che solitamente è il processo compositivo delle canzoni. Capitava talvolta che il testo di Panella risultasse troppo lungo rispetto a un disegno melodico che Battisti aveva in mente (altra prova, questa, del non-automatismo compositivo del Battisti elettronico), e lo scambio di battute, col forte accento romano di entrambi, era: «che famo, la riduciamo?» a cui faceva eco puntuale il rassicurante «no, metticene quanto ce n'entra» di Panella. Altre volte il testo si presentava corto rispetto alla struttura della musica, e *"in quattro e quattr'otto"* compariva qualche strofa aggiuntiva, scritta di getto. Quelli di Panella sono dei flussi di parole, e di conseguenza di immagini, che rimbalzano nella sua mente e che ricordano, nel loro scorrere, la musica. Battisti dà ritmo a un dormiveglia, a una confusione semilucida. Provate a dire a Battiato che le ultime strofe di una sua canzone vanno tagliate, o che compone in dormiveglia. Questa è la grande differenza ontologica, perché sul piano formale sono in effetti linguaggi simili: Panella parla e si ascolta parlare, mentre Battiato pensa e solo dopo averci ripensato, canta. Quella di Battisti e Panella credo possa

---

[74] MIRENZI 2006, p.330.

definirsi senza esitazioni musica sperimentale, perché sperimenta in una direzione nuova e inconsueta. In questo senso è interessante notare come invece Battiato abbia seguito un cammino opposto, spostandosi gradualmente dalla sperimentazione più pura e minimale, alla musica pop e sinfonica. Solo nell'ultimo album, *Joe Patti's experimental group*, pubblicato nel 2014, i suoi ascoltatori vi hanno ritrovato il Battiato elettronico degli anni '70, "architetto della musica" (come già detto del Battisti degli ultimi album) che forse dopo trent'anni di album simili tra loro, e senza più a fianco il paroliere-filosofo (lui sì) Manlio Sgalambro, avrà sentito la curiosità di parlare d'altro che di *lama tibetani* e di *vecchie bretoni*.

Anche De Gregori si è guadagnato con i suoi primi album l'etichetta di "ermetico", ma quella seguita dal cantautore romano è una terza via rispetto alle due appena analizzate. "Il principe della canzone italiana" conosce a memoria Bob Dylan, Leonard Cohen e Simon and Garfunkel, e ha capito la poesia americana di quegli anni che canta "le piccole cose". De Gregori, la cui biografia è quasi insignificante, o che comunque non gli permette di essere materia delle sue canzoni come lo sarà per Vasco Rossi, si rifugia quindi nel poetico, nell'evocativo, nel sommesso.

Ne escono dei pezzi dolcissimi, densi di atmosfera e inevitabilmente avvolgenti. Ed è chiaramente qui la differenza con il qualunquista Panella, che invece «non vuole evocare proprio nulla». Le immagini di De Gregori, che sembrano così naturalmente infantili e pure, sono invece il frutto di una lenta ripulitura finalizzata a esprimere con meno parole possibili, più "atmosfera" possibile. I testi di Panella sono spesso lunghi il triplo o il quadruplo di quelli del collega, e l'obiettivo non è certo quello di evocarne il quadruplo della poesia. Un ermetismo di segno positivo, tutto immagini, case nel bosco e fiumi scuri, contro un altro più sperimentale, di segno negativo, fatto solo di onomatopee, che casualmente prendono forma di frasi quasi compiute. Sulla scia di De Gregori si collocano una serie di progetti musicali più recenti o anche recentissimi, che fanno dell'evocazione poetica la loro bandiera. Voce e chitarra. Più o meno infantili, più o meno ermetici, più o meno evocativi. Tra i recentissimi posso menzionare Brunori sas, il più "cantautorale" tra i cantanti degli anni '00, (*questi cazzo di anni zero*, come urlato da Vasco Brondi, altro interprete lirico della quotidianità, anche se più randagio),[75] Dente, definito addirittura «un De Gregori senza barba»[76] (e io aggiungerei senza mai ispirazione profonda), e l'officina della camomilla, le cui immagini alternano poesia infantile a rabbia da periferie degradate. Le loro canzoni, che vanno oltre l'evocazione di De Gregori, sono autentici «ritratti di intima vita metropolitana trasfigurati e portati fino al surreale da una soggettività allucinata. Grondanti di candida tenerezza e spontaneità»,[77] come ha scritto Franco Ghirimoldi sul suo intelligente blog.

Per trovare risultati simili a quelli espressi dalle canzoni degli album bianchi, almeno sul piano della forma, e cioè per ri-scoprire una musica capace di cantarsi da sé e di ascoltarsi da sé, che sia puro godimento a-critico, ci si può spostare in Centroamerica, dove sicuramente le ultime canzoni di Battisti non sono arrivate, ma dove non manca certamente una musica locale. I testi delle canzoni, famose o meno, di *salsa*, di *cha cha cha*, di *merengue*, di *bachata* e di altri innumerevoli generi, non dicono proprio niente. Sembra che vi sia una sfida tra compositori di pezzi del genere: vince chi si prende meno sul serio e a chi gioca di più con i doppi sensi. La componente sensuale è molto marcata, e i ritmi favoriscono la comunicazione fisica, se quella testuale è solo un pretesto, un alibi.

Con le quaranta canzoni degli album bianchi è vietato ballare, e figuriamoci se invitano a compiere figure sensuali.

Ancora più simili alle canzoni degli album bianchi appaiono forse, se considerate nella loro massa informe e senza fine, le migliaia di canzonette con cui siamo bombardati in macchina, nei bar, mentre facciamo la spesa... Canzoni che vorrebbero farsi ascoltare, perché il paroliere crede davvero in ciò che fa dire al cantante. Ma sommersi come siamo, diventano anche queste, come i testi di Panella, solo un flusso di parole e di semplici accordi. Non vorrebbero, ma ne vengono assorbite.

Ci voleva Panella per scardinare gli equilibri. Lo sa e non si nasconde, anzi. Ribadisce la sua condizione di infiltrato nel mondo della canzone:

---

[75] Wake up news. Eu, Costellazioni: Vasco Brondi, il nuovo De Gregori.
[76] Rockit.it, Recensione: Non c'è due senza te.
[77] A tutti i lupi della steppa.blogspot.it.

entravo in salotto con i piedi sporchi, nel loro salottino, normale, mediocre. Entravo e gli scombinavo la tranquillità, la famiglia.[78]

tutte le canzoni, sostiene, sono inutili, ma le sue sono proprio un elogio all'inutile, al non detto, al non senso, ma perché questo, ammesso che un filosofo possa affermarne l'esistenza, è appunto appannaggio di altri campi, e non è elemento necessario nella musica leggera e nemmeno nelle altri arti. Non c'è provocazione o tentativo di scandalizzare pubblico e critici: c 'è semmai una necessaria riflessione sull'incomunicabilità.

> A me piacerebbe fare il teatro della noia, il teatro del ronzio.
> 'Silenzio si dorme!' oppure 'Silenzio si dorma!' potrebbe intitolarsi
> il mio spettacolo.[79]

È un'operazione culturale, così ostinata e scansionata nel tempo a ritmo regolare. Un disco ogni due anni, otto canzoni in ciascun album. Percussione elettronica all'inizio, durante, e alla fine. Rimbombo di batteria, ma soprattutto di parole.
Una serie di dichiarazioni di Panella ne definiscono meglio la posizione nel panorama della musica del periodo, ma il paroliere qui si lascia prendere la mano e fa il punto sul secolo appena concluso:

> Sono canzoni che appartengono al Novecento, vivono già nel passato. Canzoni che chiudevano un secolo, che davano un senso
> a tutte le sperimentazioni linguistiche e artistiche di quel periodo.
> Ora non sarebbe più possibile rifarle, non sarebbero più avanguardia, in quanto, come tutte le avanguardie, hanno un destino limitato nel tempo.[80]

In una delle poche critiche positive, Massimo Villivà non sminuisce le affermazioni di Panella, anzi continua il discorso sul Novecento.

> Si potrebbe dire che i 40 pezzi dei 5 album B - P, hanno avuto nella musica leggera, qualcosa della forza di impatto che poté avere l'Ulisse di Joyce nella storia della letteratura: qualcosa di imprescindibile, ma che pochi hanno voglia *veramente* di affrontare.

---

[78] Google groups.com, Fan musica Lucio Battisti.
[79] Treccefresche.info
[80] Treccefresche.info

È musica che non può e presumibilmente non vuole, avere accesso alle masse, però trasfigura la musica di massa, così come l'Ulisse trasfigurò il romanzo borghese.[81]

Tornando all'intervista a Pasquale Panella, si parla proprio della funzione di questi album, ammesso che debbano averla.

Ebbero una funzione ben precisa.
Cambiarono il ruolo dell'ascoltatore, troppo tollerante e passivo verso prodotti inutili e di basso livello.
Lo sfidammo a essere attivo, a giudicare, a reagire alla sopportazione obbligatoria.[82]

Si parla ancora di sperimentazione, stavolta su povere cavie che avrebbero comprato il disco solo perché attratte dal nome del celebre cantante. Per quanto sarebbe durato l'esperimento?

Nella tabella[83] sono riportati alcuni dati relativi agli ultimi album di Battisti. *Una donna per amico* e *Una giornata uggiosa* fanno parte della collaborazione con Mogol, *E già* è l'album post-divorzio, i cui testi sono scritti da Battisti e dalla moglie, e i successivi cinque sono "i bianchi".

---

[81] Cronache babilonesi.blogspot.it
[82] Treccefresche.info
[83] Wikipedia.org, Lucio Battisti.

N°	TITOLO	ANNO	PIU VENDUTO#	COPIE VENDUTE
13	Una donna per amico	1978	4	1 000 000
14	Una giornata uggiosa	1980	5	500 000
15	E già	1982	14	300 000
16	Don Giovanni	1986	3	350 000
17	L'apparenza	1988	17	200 000
18	La sposa occidentale	1990	34	400 000
19	Cosa succederà alla ragazza	1992	57	100 000
20	Hegel	1994	68	60 000

I dati inseriti nella colonna *più venduto#* si riferiscono alle vendite durante l'anno di pubblicazioni di ciascun disco.

Lucio Battisti in versione scienziato pazzo[84] per quanto è ormai circondato solo dalla sua strumentazione elettronica, non era abituato alla sessantottesima posizione, e nemmeno alla cinquantasettesima o alla trentaquattresima.

Il confronto rispetto ai piazzamenti degli album precedenti è impietoso, ma non ci è molto utile. Le canzoni degli album bianchi, così mascherati da canzoni pop, synth pop, euro pop, dance pop, euro dance o jazz (come riporta *Wikipedia*) hanno permesso ai due autori da un lato di esprimersi liberamente senza pensare al compiacimento del pubblico, e dall'altro, album dopo album, questi pezzi rappresentano un volontario allontanamento dal pubblico. O meglio, che Battisti e Panella non cercassero il successo è assodato, ma che cercassero proprio l'insuccesso non credo che si possa af-

---

[84] Markelo.net

fermare con sicurezza. Panella non fa un passo indietro, quando a dieci anni di distanza dall'uscita di *Hegel*, l'ultimo album, viene intervistato da Filippo Bordigon,[85] che gli rivolge alcune domande ben mirate:

> **F.B. Qualcosa in *Hegel* non funziona come ne *L'apparenza* o *La Sposa Occidentale*...**
>
> P.P. I primi quattro dischi si ponevano, o disponevano, a favore di loro stessi, l'ultimo si dispose, o pose, a sfavor di sé. Fu giusto. E se non funziona sono contento, vuol dire che riuscii (non posso che parlare per me) a sabotarlo.
>
> **F.B. L'opera Battisti-Panella, a distanza di quasi 10 anni, non è ancora riuscita a convincere i grandi numeri. Sta lì la sua forza?**
>
> P.P. C'è qualcosa di grande in quei cinque dischi, ce la misi di mio, quindi so che c'è, e resta intatta... c'è questo, un'insinuazione: la possibilità di ignorarli quei dischi, di disinteressarsene, di farne a meno. Non ne hanno approfittato tutti perché l'interprete era magnifico.

Affermazioni di questo tipo sono prove (come se già non bastassero altre dichiarazioni citate) della consapevolezza di Panella riguardo alla sua posizione. A posteriori, perché se i due autori avessero scritto un manifesto all'inizio della loro collaborazione, non credo sarebbero stati così chiari riguardo il volontario insuccesso. L'altro effetto che queste affermazioni provocano, ma solo per chi cerca di fare un lavoro critico sull'argomento, è un senso di spaesamento dovuto all'impossibilità di rispondere alla domanda principale. Ponendocela, torniamo all'inizio del libro, direttamente all'introduzione. Perché fondare una rivista, perché scrivere, perché dipingere? Perché relazionarsi? Perché scrivere testi di canzoni se non si guarda né al successo, né alla comunicazione, né al guadagno?

Forse per l'impossibilità di rimanere impassibile di fronte alla *canzonetta democristiana*, che andava, secondo Panella, ridicolizzata. E non trascuriamo la dolcezza di scrivere: in una società in cui ogni elemento deve avere un'utilità, un fine e una remunerazione, Pa-

---

[85] Sentire ascoltare, Battisti-Panella interviste.

nella scrive in libertà. Dimentichiamoci del successo, della comunicazione e del guadagno; può esistere anche l'atto per l'atto. Non tutti i discorsi sono fatti per essere ascoltati, non tutti i quadri per essere appesi. Anzi, forse proprio quando sono destinati a rimanere in un cassetto, si può essere più sinceri con se stessi nel dipingerli. Anche questa è arte, e lo è probabilmente di più di quel mondo da prima serata tv rivolto a "chi vuole capire solo quello che sa già". Quel mondo che per esistere deve passare dalla televisione, o comunque dal pubblico. Quel mondo, secondo la penna di Panella, fatto da personaggi

> fermi, illuminati bene, rivolti a un pubblico, come merluzzi con in bocca il limone del canto.[86]

Esiste invece un altro orizzonte, più silenzioso e meno frequentato dai merluzzi col limone in bocca.
Panella, nella sua arroganza necessaria, lo sa. E sembra di riconoscere anche il pensiero di Battisti, se non proprio la sua voce, che avrebbe potuto cantare anche la continuazione della dichiarazione di Panella appena citata:

> La vera letteratura è quella che stiamo facendo adesso, perché non abbiamo clienti in pescheria.

---

[86] Sentire ascoltare.com

DIZIONARIO PER NON CAPIRSI

"SGRETOLAMENTO /
E SPARGIMENTO /
DELLA MOLTO INUTILE ATTENZIONE /
RIDOTTA A POLVERE" *P. Panella, Specchi opposti.*

Come ha scritto Filippo Bordignon[87], la coppia Battisti Panella ha dato vita a

> una miriade di versi illuminati dalla sintesi perfetta delle più disparate tecniche letterarie (collages, patchwork, pastiche, manipolazioni, paradossi, aforismi fittizi...): mettersi a elencarli o commentarli sarebbe gioco meraviglioso ma estenuante

non è sicuramente possibile elencare le invenzioni linguistiche presenti nei cinque album, specialmente in uno studio come questo, orientato più verso la poetica degli album che non su quella presente negli album. Ne propongo solo dei campioni, uno per ogni lettera dell'alfabeto, non per fare un dispetto a Panella e a Battisti che preferirebbero una disposizione più caotica, ma proprio per fomentare il caos e l'incomunicabilità. Si crea così, anche se solo per poche pagine, un dizionario poetico o un prontuario per non capirsi.

A

Alla fine ti trovasti in un bel posto
e lì capisti perché ti erano stati chiesti
gli occhi in prestito per il loro particolare colore,
fai tu quale che ora è l'iride delle finestre.
Alla fine ti fu chiaro perché quel gran parlare
della tua bella conchiglia auricolare e quel solleticare.

---

[87] Sentire ascoltare.com

ALMENO L'INIZIO,
Hegel

B

Bella incatenata dai suoi stessi ormeggi:
la cinghia della borsa
e stringhe mosce e fasce di camoscio e stratagemmi
dei morbidi tormenti d'organzino.

LA METRO ECCETERA,
Cosa succederà alla ragazza

C

Come la faccia di un dado che abbia una probabilità sola su sei,
su come sei, o come le altre cinque
di cui una, la più opposta, è quella più nascosta
è quella che tiene i piedi in terra e sulla quale poggi.

DALLE PRIME BATTUTE,
L'apparenza

D

Dicendo abbiamo tempo
ci giri intorno
stemperi e riempi
come dire 103 vasetti
di liquido con colori diluito
che certamente è meno previdente
di una conservazione che alimenti
tutti i tuoi seguenti
spunti di appetito.

A PORTATA DI MANO,

L'apparenza

E

E più di tutti
i giornali e i giornaletti
ha successo una scritta:
in caso di necessità rompere il vetro
e tutti i trasgressori saranno
eccetera.

LA METRO ECCETERA,
Cosa succederà alla ragazza

F

Fra la cresta e la fossa
tu non ti pungi più
l'erba enorme cavalca
bianca e verde cobalto
prendendo al volo forme di caduta e di salto
infine dorme
come un binocolo nella custodia
la tua vista.

TU NON TI PUNGI PIÚ
La sposa occidentale

G

Gli appuntamenti sono plateali;
vedi venirsi incontro due vocali.

I SACCHI DELLA POSTA
Cosa succederà alla ragazza

H

Ha un nome molto bello
che se me lo ricordo
lo chiamo quel bel nome.

PER NOME
L'apparenza

I

Immersi in un tripudio misto seta
in una negligenza e oblio di sciarpe
ed è come non mai non stare a casa.

ECCO I NEGOZI
Cosa succederà alla ragazza

L

La lotta dei cuscini senza sonno che spiumano
che fanno zampilli
di pollini che pullulano
aggressivi irsuti istigatori di starnuti.

TU NON TI PUNGI PIÚ
La sposa occidentale

M

Mettiti nei tuoi panni.

PER ALTRI MOTIVI
L'apparenza

N

Neri i tuoi neri sconvolti
divampati imperi irrisolti
e matematicamente rivolti
a contenere zeri.

TIMIDA MOLTO AUDACE
La sposa occidentale

O

Ogni tuo gesto è compreso
in tutto quello che sa
di te stessa quel gesto.

LA BELLEZZA RIUNITA
Hegel

P

Pur avendo diverse
ragioni per fermarsi
cercare gli aggettivi catarifrangenti
infranti e lucenti.

POTREBBE ESSERE SERA
La sposa occidentale

Q

Questo composto
di onesta futilità
mista a passione
come un cialdone si sfa
sulle rovine vorresti forse anche tu

in bricioline come una reggia andar giu.

TU NON TI PUNGI PIÚ
La sposa occidentale

R

Ripeschiamo l'oh dello stupore
col quale incorniciamo
il fragile leggero
di quello che non diciamo.

ALLONTANANDO
L'apparenza

S

Senza alcun disagio di viaggiare in discesa
scivolano da te tutti i vagoni.

LA SPOSA OCCIDENTALE
La sposa occidentale

T

Ti lascio immaginare
cosa succederebbe
se tu volessi bere, se tu volessi nuotare,
se tu volessi l'ultimo centimetro
di cima del monte che ti pare
per farne niente
o per otturare un buchetto qualsiasi in fondo al mare.

LA SPOSA OCCIDENTALE
La sposa occidentale

U

Un bel volto è bello se lo si può guardare
è un disimparare del mondo questo è quello.

LA VOCE DEL VISO
Hegel

V

Vorrebbe lei
portare questa sera, come stola,
un raccordo anulare,
un'intera fila alle poste
oppure la Costiera Amalfitana.

COSÍ GLI DEI SAREBBERO
Cosa succederà alla ragazza

APPENDICI

UN CONTRIBUTO SINTETICO

Riporto quasi per intero un articolo sugli album bianchi scritto da Raffaella e pubblicato su *Narkive.com*.

Lo trovo molto coerente e sintetico, a differenza del mio contributo, che coerente spero la sia, ma sintetico proprio non poteva esserlo.

Senza pregiudizi e preconcetti Raffaella ha ascoltato gli album bianchi e riflette sul cambiamento avvenuto nello stile di Battisti, grazie soprattutto alle novità creative introdotte da Panella.

Panella ha introdotto nell'opera di Battisti un elemento di ineffabilità. Ha colto tutta l'imprevedibile profondità dell'ambiguo che attraversa la nostra esistenza. Panella dice che nei loro dischi Battisti voleva raggiungere "il lato annodato stretto dei fatti"[...]. Realmente, la loro è un'opera prismatica che discute dell'alienazione contemporanea, della facilità con cui il vuoto prende piede nella vita delle persone. Non è per nulla un'opera estatica. E' invece critica e straniante.

Panella è un vero giocoliere della parola. Un vulcano di talento. Con lui la musica italiana ha fatto un salto in avanti di vent'anni. Non sono sempre testi facili, ma perché dovrebbero esserlo? Forse il teatro è facile? Forse la vita è facile? Panella dice che le canzoni scritte con Battisti sono "cattive", nel senso che non si lasciano cantare. Ma la loro è stata una scelta culturale.

Una grande operazione culturale che ha permesso a un autore come Battisti di riproporsi facendo tabula rasa di alcuni preconcetti sempre vivi nei riguardi della forma-canzone.

La loro è davvero una musica "impegnata", cerca l'ineffabile dell'arte nelle pieghe elettroniche di un accordo.

I cantautori impegnati hanno sempre parlato del sociale.

Battisti e Panella fanno molto di più, parlano dentro loro stessi, "si cantano" una canzone, si fanno cantanti e spettatori della musica. Sono loro gli artisti e il pubblico. Un corto-circuito perfetto, che non cerca giudizi (nessuna esternazione in pubblico dei due autori) ma è destinato a fare saltare molti pregiudizi.

Battisti e Panella ripartono dalla lingua, e sanno che la cultura è un fatto di parola, prima ancora che di supposti contenuti "impegnati". [88]

---

[88] Narkive.com, Fan musica Lucio Battisti. Roberto Lasagna descrive Pasquale Panella, alcune cose su Pasquale Panella.

GLI ALBUM BIANCHI

Don Giovanni – 1986

1 - Le cose che pensano
2- Fatti un pianto
3 - Il doppio del gioco
4 - Madre pennuta
5 - Equivoci amici
6 - Don Giovanni
7 - Che vita ho fatto
8 - Il diluvio

L'apparenza – 1988

1 - A portata di mano
2 - Specchi opposti
3 – Allontanando
4 - L'apparenza
5 - Per altri motivi
6 - Per nome
7 - Dalle prime battute
8 - Lo scenario

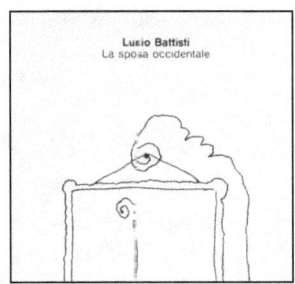

La sposa occidentale – 1990

1 - Tu non ti pungi più
2 - Potrebbe essere sera
3 - Timida molto audace
4 - La sposa occidentale
5 - Mi riposa
6 - I ritorni
7 - Alcune noncuranze
8 - Campati in aria

Cosa succederà alla ragazza – 1992

1 - Cosa succederà alla ragazza
2 - Tutte le pompe
3 - Ecco i negozi
4 - La metro eccetera
5 - I sacchi della posta
6 - Però il rinoceronte
7 - Così gli Dei farebbero
8 - Cosa farà di nuovo

Lucio Battisti
Hegel

E

Hegel-1994

1 - Almeno l'inizio
2 - Hegel
3- Tubinga
4 - La bellezza riunita
5 - La moda nel respiro
6 - Stanze come questa
7 - Estetica
8 - La voce del viso

TUTTI I TESTI

Riporto per intero, ed è la prima volta che ciò avviene, i quaranta testi degli album bianchi scritti da Pasquale Panella.
I testi sono riportati secondo un ordine cronologico, da quelli presenti in Don Giovanni fino a quelli di Hegel.
L'approccio con cui avvicinarsi dovrebbe però rimanere sempre il medesimo, ed è quello suggerito in questo libro.

DON GIOVANNI - 1986

LE COSE CHE PENSANO

In nessun luogo andai
Per niente ti pensai
E nulla ti mandai
Per mio ricordo
Sul bordo m'affacciai
D'abissi belli assai
Su un dolce tedio a sdraio
Amore ti ignorai
Invece costeggiai
I lungomai
M'estasiai. ti spensierai
M'estasiai, e si spostò
La tua testa estranea
Che rotolò
Cadere la guardai
Riflessa tra ghiacciai
Sessanta volte che

Cacciava fuori
La lingua e t'abbracciai
Di sangue m'inguaiai
Tu quindi come stai
Se è lecito che fai
In quell'attualità
Che pare vera
Come stai, ti smemorai
Ti stemperai e come sta
La straniera, lei come sta
Son le cose
Che pensano ed hanno di te
Sentimento. esse t'amano e non io
Come assente rimpiangono te
Son le cose prolungano te
La vista l'angolai
Di modo che tu mai
Entrassi col viavai
Di quando sei
Dolcezza e liturgia
Orgetta e leccornia
La prima volta che
Ti vidi non guardai
Da allora non t'amai
Tu come stai (ah come stai)
Rimpiangono te
Son le cose, prolungano te
Certe cose

FATTI UN PIANTO

Dal monte ventoso dei miei sentimenti
Sfoglio all'aria una rosa ricettario
L'inizio è già indiziario:
Lei si sciolse

E poi si tolse lo chignon
E calva d'amore. lustro sguardo da biliardo
Boccia sul tappeto il suo pallino
E la stecca del peccato
C'è tanta nuda verità
Fatti un pianto (o...)
Fatti un pianto (o...)
Da un chilo di affetti un etto di marmellata
Se sbatti un addio c'esce un'omelette
Le cosce dorate van fritte
Coi sorrisi fai croquettes
E tu dici ancora che non parlo d'amore
Batte in me un limone giallo basta spremerlo
Con lacrime salate agli occhi tuoi
Ben condita amata t'ho
Dai piangete (o...)
Dai cantate (o...)
E dai che ne ho sete
Parole d'amore.
Grosse lacrime sciocche
Sono uova alla coque
E dai e dai (o…)
Fatti un Pianto
Lacrimoni che sono lenzuola (o…)
Da strappare da calare giù
Fatti un pianto
E li perdutamente
Qualcuno che ti sfugga
O che salga su
Per intanto qualche vento
Qualche tentativo fa

IL DOPPIO DEL GIOCO

Son lenti affluenti

I suoi pianti a dirotto
Son diamanti striscianti
Che il silenzio hanno rotto
La vetrina con acqua è lei
Che si incrina e che sbrina via
Ride a fiore del pianto
Come piove contro sole
Giura In concreto di non fare mai
Più l'agente segreto
Ed io mai che Io sospettai
Fosse un'altra o due o sei
Che il doppio giocò se scherzai con lei
E ne parlò, certo che ne parlò
E che saziò i gusti di chi
Vide o intuì non visto
Gli opposti su un ponte e brume
Su un fiume con molte schiume
L'ha sempre saputo
E l'ha sempre ignorato
Ed il doppio del gioco
L'ha molto moltiplicato
Ed io mai che lo sospettai
Quante volte con lei scambiai
Me ne parlò. spesso me l'indicò
"Li vedi. stanno scambiando
C'è un centro sopra il ponte
E loro si vanno incontro
È li che si sfioreranno"
È fina e lei già s'incrina (già s'incrina)
E l'agente segreto (segreto, segreto)
Come ondeggia come ondeggia come ondeggia
Si diffonde si diffonde si diffonde (onde, onde)

MADRE PENNUTA

La strada che curva
E l'insegna notturna
Un Tir che si ritira
Tutto il sole al Nadir
E alte a prua chiome d'albero
E zolle che non mi arenano
Finita la storia
E caduto l'impero
Di vivere dal vero
Ecco me di anni tre
È li che fui faraonico
Tra bumbe e tra rumbe tiepide
Con tante madri e il tempo un laghetto
Coi pesci dei giorni
È il gamberetto del mio compleanno che
Torna li
Fu molto dopo che dentro la pioggia
Vidi tra mille la goccia d'acqua mia
Prigionia
Ho visto la neve
Nei vetri che agitai
Ma agitai le finestre e mai
Sfere da souvenir
Guidai, l'accostai e sorpassai
Il tempo, l'obeso in limousine
Ho usato penne più degli uccelli
Ma quando mai
Ho perso il sonno per scrivere solo "io volo"
Madre pennuta il mio morbidio
Mia pelle d'oca, cuscino mio
Il mio
Il vero è nella memoria
E nella fantasia
Non c'è storia e il tempo finge
E poi commette l'ingenuità
Non cancella mai le tracce sue
Vuol esser preso, arreso, inchiodato li
Ho visto un film normale

Ma con un bel finale
Faccia a facci , fra tutt'e due
Che infine uno è
Madre mia la gente che s'è alzata
Ma che dico la gente
Uno uscì

EQUIVOCI AMICI

Cassiodoro Vicinetti
Olindo Brodi, Ugo Strappi
Sofio Bulino. Armando Pende
Andriei Francisco Poimò
Tristo Fato, Quinto Grado
Erminio Pasta. Pio Semi
Ottone Testa. Salvo Croce
Facoffi Borza. Aldo Ponche (o Punch)
Uno andò saldato
Uno vive all'estro
Uno s'è spaesato
Uno ha messo plancia
E fa il trans-aitante
Uno fa le more
Uno sta invecchiando
Perché è
Un nobile scotch
Uno fa calzoni
Dai risvolti umani
Uno ha un solo naso
Uno ha mani e polsi
Uno è su due piedi
Uno è calvo a onde
Uno si nasconde
Poi non sa
In che vano sta

Un viso ucciso dal pensiero
Un tal con voce da uccelliera
Un sostituto a sua insaputa
E un misto storie e geografie
Uno per uno li ricorda
L'orchestra mentre si accorda
La verità viene sempre a palla
Dolce chi era sei tu
Il maestro solitario
Fischietta ariette d'oblio
(sei tu)
I dimenticati
Ce li ha tutti in testa
Gli altri sono entrati
Chi da se
Chi dalla finestra
C'è il direttore, l'orchestra c'è
Apparecchiati sul buffè
Son mantecati
I dimenticati
Se il pasticcino ha un senino in se
Del maraschino effetto è
Uno nel rinfresco
Pensa "E' peggio se esco"
Un altro un altro deglutisce
Volentieri gradisce
Non si capisce chi mangi chi
Non gli rincresce
Grazie si, grazie si

DON GIOVANNI

Non penso quindi tu sei
Questo mi conquista
L'artista non sono io

Sono il suo fumista
Son santo, mi illumino
Ho tanto di stimmate
Segna e depenna Ben-Hur
Sono Don Giovanni
Rivesto quello che vuoi
Son l'attaccapanni
Poi penso che t'amo
No anzi che strazio
Che ozio nella tournee
Di mai più tornare
Nell'intronata routine
Del cantar leggero
L'amore sul serio
E scrivi
Che non esisto quaggiù
Che sono
L'inganno
Sinceramente non tuo
(sinceramente non tuo)
Qui Don Giovanni ma tu
Dimmi chi ti paga

CHE VITA HA FATTO

Che vita ha fatto a immaginarsela
Cosi colà la vita
Che vita ha fatto ad aspettarsela
Convinta che
La vita c'è
Che vita ha fatto, se torna a nascere
Non torna più, non sia mai
Che vita ha fatto, ha pianto a piovere
E sul pendio dello sgocciolio
Lei sdrucciolò

Lei m'amò, tu l'amasti, io no
I verbi non coincidono
Che vita ha fatto, ma ben più rapida
Con lei duellò la vita
Che vita ha fatto. metà sognandola
Metà in realtà
Se poi è realtà
Quel che in realtà sognò a metà
Lei m'amò, tu l'amasti, io no
I verbi la tradirono
Che c'entro io
Che vita ha fatto a immaginarsela
Cosi colà la vita
Come sta, come stai, come sto
La voce coniugandoci
S'allontanò

IL DILUVIO

Dopo di noi diluvierà
Non spioverà, va bene
Noi la fortuna degli ombrellai
Chili di liquidi dopo di noi
Va bene, come vuoi. dopo di noi
Diluvierà, non spioverà
Dopo di noi: il diluvio
Vittime fa l'ottima idea
D'essere noi finali
Straziante d'estri tristi annegherà
La più assetata arsura nel frullio
Un ingordo gorgo umido è l'addio
Dopo di noi: non spioverà
Dopo di noi: il diluvio
Buona l'idea del tempestio
Tuona di già, stai buona

Tuona di già, stai buona
Piove con ghiaccia semplicità
Con truci gocce dal bel luccichio
E piove, piove, piove, siamo annaffiatoi
Dopo di noi il bello verrà
Finche terrà l'ombrello

L'APPARENZA - 1988

A PORTATA DI MANO

Dicendo abbiamo tempo
Ci giri intorno
Stemperi e riempi
Come dire centotre vasetti
Di liquido con colore diluito
Che certamente è meno previdente
Di una conservazione che alimenti
Tutti i tuoi seguenti
Spunti di appetito.
Sono fluidi a vedersi c'è un piacere
Anche perché qualcosa si nota che manca
E se ci fosse è come non avesse nome.
Abbiamo tutto il tempo.
E poi il discorso prende una piega architettonica nell'aria con le
mani,
Si collega ai pianti rampicanti
All'euforia da giardino
Ai pensili eccitanti.
All'ornamentale destino.
E tutto il tempo è vicino
A portata di mano
Sul tavolino, sul ripiano
Su quanto ti è più caro.
Ma se cominciassimo

Che ne dici
Se entrassimo nel vivo
Oltre la porta orale saliamo a perpendicolo la scala
Che nel muro si avvita.
L'umido della parete nella mano
S'asciuga sempre più
Parete che d'acciughe sale su
Nella rete in muratura.
Saliamoli i gradini con le punte
E pure sconoscendo se calziamo un'epoca, una storia, una leggen-
da
In cui calati, risalendo siamo. E l'anta si spalanca.
Dicendo abbiamo tempo tu intendevi dire il contrario
Vedevi necessario che quanto vai inventando oggi
Non te lo ritrovassi sempre vivido tra i piedi tale e quale
Esatto nel reale
Con i particolari talmente precisi
Un domani da non credere
Che i fatti siano intrisi
Di te così profondamente
Così com'è com'è vero avvengano in assenza di qualsiasi sostanza.
Volevi invece dire
Prendi il tempo con me
Un po' interrogativa
Mentre la mano offriva
Abbiamo tutto il tempo
Aroma di caffè.

SPECCHI OPPOSTI

Ero distratto
Tu ti davi da fare
E non c'eri affatto
Oppure ti muovevi
Con un ronzio d'insetto

Che mi assopiva
Avevo le palpebre in bilico
Entravo nel ciclico avvertimento
Di caduta di mani per tornanti
Di caduta di sonno in blocchi pesanti.
La distrazione
Questa effusione
Sgretolamento
E spargimento
Della molto inutile attenzione
Ridotta a polvere.
E debolmente io
Ti avvicinavo
E ti accostavo,
Sbagliando i tempi,
A memorabili esempi
Di abbandono
Di incontro ti ascolto
Capisco ma non molto
Intuisco però la giravolta degli oggetti.
Tu aspetti
Di vedermi passare
Abbracciato a qualcosa che mi sta giostrando. Mi aspetti
Per salire mi stai stringendo i fianchi. Sei entrata nella stessa
Distrazione creata
Perché potesse accadere qualcosa e tutto succede quando tutto ri-
posa.
Quando l'attenzione
Per essersi sporta
Narcisista ai suoi sguardi
Rovina e se n'è accorta appena
Troppo tardi nostra fortuna.
Ero distratto
E fatta tu sei di svista.
Se fossimo simpatici
Uno all'altra
Saremmo specchi
Opposti riflessi

Limpidi e inebetiti
Tra se stessi.

ALLONTANANDO

E poi
Di che parliamo
Di come per favore hai fatto
Se non ti dispiace replicarlo
Quel gesto quell'insieme
Di cose e di non cose
Che accadono una volta
E quindi possono
Ripetersi a richiesta e non per caso
In cambio ti rifaccio il mostro
Mi tolgo le foglie dalle dita
Il vento pettinato ritorno ai connotati riprendo i miei colori
A mano libera
E meglio puoi vedermi
Allontanando
E poi
Di che parliamo
Trasvola sopra l'ultima papilla la farfalla e la lingua la spilla
E ripeschiamo l'oh dello stupore col quale incorniciamo
Il fragile leggero di quel che non diciamo
E poi
Di che parliamo
Di come sei tracciata appena
Su carta o traspari in filigrana
Trapassi le pareti
Solletichi anche l'aria
Ma un gesto un solo gesto
Ti torna solida
Un gesto che è richiesta e non è caso
In cambio non invento niente

Mi butto di sotto o non mi butto
Mi sto distrattamente sfrenando dal mio posto proietto il bell'a-
spetto
Mi tramo intrecciami
E puoi vedermi meglio
Allontanando
E poi
Di che parliamo.
Nel libro d'avventure saltiamo le parole e le figure.

L'APPARENZA

Quindi facendo finta
Che non sai parlare
Ti metti un dito in bocca, l'anulare.
Dirigi una quinta qualsiasi
Sposti tre vasi come le tre carte
Mi metti a parte di una confidenza
Senza vocali e senza consonanti
Tiri con gli occhi chiusi sull'atlante
L'indice come un pulsante
Accende una nazione in cui mi sa
Che a quest'ora è notte piena o molto nuvoloso
Pieghi la schiena
Cali il tuo sipario di capelli
Sopra l'armamentario voluttuario
Quindi ti sollevi in mulinelli
Dall'indaco e il blu di Prussia profondissimi.
Ti rilassi bussando
Tristemente assorta sopra una porta
Che non c'è per niente la spingi che era aperta
Mi racconti come un capogiro
I fatti i posti pieni di respiro
Mi presenti un regalo
Ed attraverso ci vedo

Le tue mani contenenti
Lo scarti prima sciogli
Questi fiocchetti inestricabili
Ti imbrogli e fai cadere e credere
In un danno incalcolabile e l'aria vulnerabile raccogli
Incolli l'invisibile
E d'improvviso scrolli in gocce questa scena
Fai la feroce coi baffi che non hai da puma
Sulle guance gonfiate fai la precoce.
Che scarica un gran volume
D'indolenza incendiaria
Quindi sei l'avversaria di un arioso colosso pugilatore
Poi mormori indecenze
Senza parole a un confessore
Lo respingi in sequenza d'inseguimento
Infili il balcone ti scansi di lato
Fai la ricognizione
Se ha fatto centro il precipitato.
Rientri con cavalli fragorosi e salti di delfini
Tra marosi.

PER ALTRI MOTIVI

Ah! questa poi
Sento di star per vivere
E nello stesso momento
Tremila riluttanti col lunghissimo mento
E i denti scricchiolanti avidamente
Tremila debuttanti sfondano
Contemporaneamente
Le quattro pareti nemmeno tanto ingenuamente
Perché non c'erano segnali di divieti. Ah! questa poi
Sento di star per vivere
E i villini camminano
Dopo i pranzi con l'inquilino in bocca stuzzicante

Anzi tutte le belle pancione
Dovrebbero fregiarsi di un balcone.
Ah! come sono triste mi mangerei oltre il pasto
Le liste dei vini
Se fossero di sfoglie coi croccantini
Al posto delle scritte.
Avrei una voglia, un taglietto d'affetto.
Cosa sento ma niente.
Un affetto non si prova
S'indossa direttamente.
Ah! come siamo vivi come tutto accade
Per tutt'altri motivi.
Mettiti nei tuoi panni
Dove sei più aleatoria.
Siamo nella preistoria
Ecco una frase che durerà.
Sapessi tu come me ne ricordi un'altra
Della quale non ho alcun ricordo
Perché non avemmo motivi
Nemmeno di disaccordo
Anzi come i lati
Di un triangolo isoscele
Non avemmo motivo di conoscerci.
Ma sento un tepore carnale che cresce
Sarà un saldatore che al naso mi unisce.
Ah! come sono vivace come uno che tace
E ci si domanda
Chi ha fiatato ed ognuno si voltò dall'altro lato
Credendo di aver pronunciato
Lui stesso quella frase chi ha parlato è l'autista
Che pronuncia il discorso
Più lungo che esista.
Al ritorno la strada restò sola
E le corsie incontrandosi
Non dissero nemmeno una parola.
Ah! questa poi
Sto per vivere di fresco
E me ne esco

Uno da una parte
Uno dall'altra la Commedia dell'Arte.
Ah! come sono vivace come uno che tace.

PER NOME

Ha un nome molto bello
Che se me lo ricordo
Lo chiamo quel bel nome.
E lei starà
Non in qualche foresta
Ma in qualche bestiola
Che colta sul fatto si volterà di scatto
Mostrando i suoi tre quarti
Stupefatti
E gli inzuppati come dolci nel latte bianchi degli occhi
Con il tocco sopra d'amarena.
Per nome ma non tanto per davvero
Starà leggendo un libro nel pensiero
E infilerà un segnale nel sospeso.
Ha un nome molto bello, molto illeso
Che se me lo ricordo si apre un fico
Golosamente arreso se lo dico.
E lei starà
Misurando con calme sequenze di palmi
Su sé quanto dista
La gola fatalista
Da tutta la tastiera
Del costato. Avrà accordato
Il respiro con l'arco
Della dorsale
E sembra l'obiettivo
Del suo cruciale sbarco.
Per nome quell'alone protettivo
Che la dimenticanza ha rinforzato

La punta della lingua m'ha aggredito.
Ha un nome molto bello, smemorato.
Starà guardando molto da vicino
Qualcosa che da qui non l'indovino.
E lei starà.

DALLE PRIME BATTUTE

Dalle prime battute riconosce il posto
Ridente labbriforme costa
Ilare quando vede scendere
L'umorista turista
Che alle prime bracciate dell'orchestra
Riconosce il posto.
Dai primi segni di vita e alla vista
Dell'insigne pietra mistica,
Ad un attento esame superficiale
Riconosce l'artistica
Località banale.
Tu come scendi dal predellino
T'informi sui movimenti del mattino
L'entrata dell'ossigeno
E il preserale andantino
E su chi mai diriga
Dal braccio abile e il viso impronunciabile
Uscirai all'aperto così come ti trovi
Senza nessun preavviso
Come la faccia di un dado
Che abbia una probabilità sola su sei
Su come sei
O come le altre cinque
Di cui una la più opposta
E quella più nascosta
È quella che tiene i piedi in terra
E sulla quale poggi.

Che tempo fa oggi
Dici guardando attorno sapendo
Che fa un tempo ogni giorno.
Sul predellino sali
Sapendo che durano soltanto i finali
E tutti i posti intanto
Prima dei saluti dici tu
Sono loro i turisti
E per finire non esistono più.
Ti sta partendo la cartolina
Da te si ritaglia il fine rettangolino.
Sfogliate ti salutano
Le tue vedute dissuase
Tornate verso casa
Di contro un limpido smalto così incrinabile.

LO SCENARIO

Dici che non capisci
Ma io so che tutti capiscono tutto
E t'intestardisci
Io sarei un panno nero
Nel salottino scuro
Non c'è acqua né fuochino
Che fuori lo trascini quel detrito
E lì l'incendi abbrustolito.
Diventi malevola
Come se io fossi una persona.
Diventi, come i tutti che capiscono, sincera
Ossia dici come sarei se fossi
L'immagine a somiglianza del tuo rancore
O malessere d'essere sincera,
Parlando di te.
Dici che non capisci
Eppure quel che dici è tutto vero

Di più quando inveisci
Quando pesantemente
Costruisci periodi
Che speri d'odio
Ma ad ogni affondo
Ti si scopre un po' il corpo.
Diventi simpatica simile tu
Ossia con sentimento
E parli sempre d'altro di quel tossico che bevi
Lo stai dicendo con le stesse parole di tutti.
Forse è questo che tu non vorresti riuscire a capire:
Che favorevole è come essere contro
E in mezzo c'è una zona di silenzio
Difficile anche un po' recalcitrante
Dove un parere vale quello che vale
È l'ombra trasparente
O niente che traspare
Silenziosamente
Tutti tra sé e sé pensano le stesse cose.
Dici che non capisci
E questo ti convince a non capire
Però non ci riesci
Non ti sai trattenere
E ti dispiace ti dispiaci tu.
Avendo voglia tempo
E la serata adatta
Tutto è dimostrabile
Soprattutto il contrario
Con un'abile manipolazione
Dello scenario.
Mentre è un combattimento quello che dici
Sono nemmeno abili mosse
Tra quello che dici e come vorresti che fosse.

LA SPOSA OCCIDENTALE - 1990

TU NON TI PUNGI PIÙ

La lotta dei cuscini
Senza sonno che spiumano,
Che fanno zampilli di pollini che pullulano
Aggressivi, irsuti, istigatori di starnuti.
Così tu te la spassi amoreggiando,
E te la prendi comoda,
Con morbida ovvietà,
Sembrando tu un guanciale
Contro un altro che t'assale,
Il tutto in una schiuma,
Che coi talloni monti come l'uva.
E come un muschio domestico stampato e
Quanto inutilmente rimboccato.
Questo composto di onesta futilità
Mista a passione come un cialdone si sfa;
Sulle rovine, vorresti forse anche tu
In bricioline come una reggia andar giù.
Tu non ti pungi più,
E la vaghezza non osa,
Vai molto oltre, tanto poi ti raggiungi.
Impenni una montagna solidale
E nel suo fianco falle, falle rudimentali,
Aperte come portali
Per i tuoi puntuali
Appuntamenti molto occasionali.
E la pianura s'ingrossa:
Fra la cresta e la fossa,
Tu non ti pungi più,
L'erba enorme cavalca
Bianca e verde cobalto,
Prendendo al volo forme di caduta e di salto,
Infine dorme
Come un binocolo nella custodia
La tua vista.
Se un santino

Ti visita e t'indora,
Ma rimandando a poi,
Perché dilegua,
Tu, perché ti accora,
Canonica lo fai
Languire prima
E mormori un oramai
Come una preghierina.
Oramai, ora cosa, ora che:
Perso per perso ohimè.
Candida o perversa
Che non ti pungi più,
Raccolta o dissipata,
Esausta o fresca fresca,
Quasi niente per niente
Pungente pungente,
Ma rizzi e doni quel barbaglio alla Luna.
Questo è quanto.
Con una belva accanto,
È questo il modo in cui
Fai la morosa:
Assumi pose inesplose,
E non ti pungi più,
Non fai più la raccolta
D'incanti ardenti ed arsi.
Una vela è un sottile perché,
Un avvilito ohimè,
E non si dorme bene
Ché lune piene
Tutte beate, mutevoli e brune,
Tutte toccanti.

POTREBBE ESSERE SERA

Potrebbe essere sera,

Potrebbe essere una sera
Alabastrina,
Con le sue venature ed una serpentina
Fessura per passare dalla sera alla notte
Con la nostra piccina.
Viola il colore della sera,
L'ora nella quale tutto resta
Non tanto com'era, ma come sarà.
Rinviate le schegge,
S'infrangono come vetrate
Le saracinesche,
Come se non dovessero riprendersi più,
Risalire, riaprire un domani.
E i viali vanno avanti in due filari,
Per pura educazione, così per cortesia
Non finisce la via,
Pur avendo diverse
Ragioni per fermarsi:
Cercare gli aggettivi catarifrangenti
Infranti e lucenti.
Ma con l'educazione e con la cortesia,
C'è da fare attenzione tra i viali e sulla via
Nell'ora in cui si avvera
Soltanto il colorito della sera.
Viola paonazza, la ragazza è sola
Con suo grande sollievo per godere con me,
Si permette un coda, roteata all'intorno,
Se la mette, la leva:
Potrebbe essere sera.
Le foglie fanno i compiti sui rami:
I bilanci, i conti,
La lettura con occhi castani,
Potrebbe essere sera.
E tu potresti ridendo dire
"Non ho spiccioli, resti d'inverno,
Né di primavere, davvero non ne ho,
E non posso cambiare, scusate,
Né l'autunno, né l'estate."

Viola, paonazza la ragazza è sola,
Passa e ripassa la linguetta rosa
Sopra il quesito del suo labbro squisito.
E come resiste, ma come resiste
Al lamento ottimista di una felicità;
Si permette un rifiuto con il mento levato,
Più bellina più altera
Potrebbe essere sera.
Come chi in sonno dicesse una frase così,
Giorno dopo giorno, un rumore così,
A dissolvere a smorire un frase così
"Non è così com'è, non è com'era"
Tu cedi all'insistenza dolce e viola,
Seguendo la pendenza della sera.

TIMIDA MOLTO AUDACE

Amato tanto così
Me lo ridici
Amato tanto.
Timida molto audace
La stessa diversa persona sei tu,
E per cambiare ti basta saperlo,
Che non sei mai la stessa,
Nemmeno a volerlo.
I simboli non sai cosa siano,
Un'ortensia non è nemmeno quella.
Hai la pazienza di un'onda
Compresa la tendenza
A soffermarti mai,
Come fosse la fine.
Non un dito notevole,
Ma dieci impercettibili soprusi,
Aperti come i mari,
E come i mari chiusi.

Neri i tuoi neri sconvolti
Divampati imperi irrisolti,
E matematicamente rivolti
A contenere zeri.
Impensabili però malleabili,
Ballabili mammelle
Abbracciate alle quali volteggi
Sotto il lampadario delle stelle,
Inutilmente imitatrici dei tuoi denti.
Prendi, e dagli spaventi
Tanto sentimentali,
Tiri le diagonali dei sospiri violenti.
Svegliata la mattina,
Guardi nel posto accanto
Lo sfinito e per quanto
Respira o non respira.
Sai che non si è mai la propria vita,
La tua ti serve appunto per certezza,
Tu vivi e lasci vivere te stessa
Con un congedo, con una carezza
Sicura con la mano, sicura con la mano,
Con la guancia perplessa.
Sciolta come le braccia
Scomparirà la neve:
Per sempre se ne andrà,
E se dovrà ricadere
Sarà come un armadio che si sgancia
E precipita dal cielo in tante schegge.
E tuttavia, però comunque sia,
Bellezza e compagnia
Non vanno bene,
Non si legano insieme.
Risentirai la neve risuonare
Dentro le risatine,
Come un piacere
Che non sai trattenere.
La neve tornerà come un pretesto
Dipinta e sempre finta,

E tu la irridi,
La lusinghi e la sfidi
E la solleva il tuo sbuffo selvaggio.

LA SPOSA OCCIDENTALE

Non dobbiamo avere pazienza, ma
Accampare pretese intorno a noi
Come in un assedio, ed essere aggrediti
Dalle voglie più voluminose:
Un fiore, che è un fiore,
Io non te l'ho mai portato
Vuoi improvvisato, vuoi confezionato, ma
Trasferisco da te tutti i fiorai,
È più facile a dirsi,
E infatti te lo dico.
Ti piacciono i dolci
Ed io sul tuo terrazzo impianto
Un'impastatrice industriale
Che mescola e sciorina la crema per le scale.
Se tu ti vesti, io sul tuo balcone
Faccio calare in forma d'indumenti,
Tutti i paracaduti ed un tendone bianco da sceicco
E la sua scimitarra per fermaglio
Ed è più facile a dirsi che a dimostrarlo falso,
E infatti te lo dico perché non basta il pensiero.
Vuoi prendere un treno di notte
Pieno di paralumi e di damasco per dormire,
Sennò a che serve un treno:
Alzo con le mie leve tutti i binari
E, senza alcun disagio di viaggiare in discesa,
Scivolano da te tutti i vagoni.
Detto cosi' e' semplice e infatti lo e' detto cosi'.
Ti lascio immaginare cosa succederebbe
Se tu volessi bere, se tu volessi nuotare,

Se tu volessi l'ultimo centimetro di cima
Del monte che ti pare
Per farne niente o per otturare
Un buchetto qualsiasi in fondo a un mare.
Trascurando il tempo ed il riso
Tu escludi le risorse più abusive
Che sono state mai precise come
Sul tuo bel viso rilassato ed inespressivo.
Se nulla capivo, qui tu finalmente
Nulla lasciavi germogliare sulla brulla,
Paradossale, tra noi terra infondata,
Dove sono i leoni,
Ammattiti e marroni,
Lasciando immaginare
La sposa occidentale.
La sposa occidentale che sembra quasi ridere
E invece lei respira,
Quasi piangere, ma gira
Dall'altra parte il viso, ma ritorna
Portando sue notizie inaspettate;
Amando tutto ciò che adora,
Chiama con nomi fittizi le cose:
Così, semmai, le rose
Son spasimi, per ora.

MI RIPOSA

L'aereo rulla
Sulla pista sgombra,
E il ruscelletto frulla,
Radente dentro l'ombra,
Dove, non visto, fa
Certune cose.
Noiosa come sei,
Mi sei preziosa.

Monotona ottimale,
Mi riposa
La confidenza tua
Priva di varietà,
La musica camusa
Che stempera le palpebre,
Le strugge in cere fuse
E le sigilla
Su pagine non chiuse.
Noiosa ti dimentichi di me,
E siamo soli.
E tu parli di noi
Senza abbandoni,
E senza animazioni e con la correttezza
Di una traduzione che risuoni
Facile e fedele senza quelle
Inutili trappole e stili.
Pratica, con te sei pratica,
Sfogliando un argomento prediletto,
Ma non sono petali: tu i fiori li divori,
Come i gialli:
"La corolla assassina",
"Il pistillo che sa".
Ti appassioni stordita, tutta in punta di dita
Al variare dei fiori.
E li divori,
Come una capretta
Illetterata ai titoli
Dei gialli fiorellini di ruchetta.
Noiosa in un esilio,
Segnata dallo smalto,
Ti scusi se hai le mani
Che somigliano ad altro.
Scavalli ed accavalli le gambe, d'un tratto,
Come i tergicristalli,
E infatti ti schiarisci, traspare,
Che dentro l'idea chiara,
Vacillano i corpi giovinetti

Col tridente ad infilzare
Gli amori serrati,
Corazzati e profondi dei ricci di mare.
La macchia tonda e dolce dei bicchierini,
Le scarpe decoltè,
Quel capogiro, che
Scossa agli orecchini,
L'onda color dei vini,
E cirri bronzini
Dei capelli infantili.
Statica, ritorni statica,
Con lievi incrinature,
Serpeggiamenti dentro le strutture
Esce un amore mio,
Come un colombo,
Dalle feritoie,
Che viaggia tanto e tanto,
Ha già viaggiato tra le noie,
Si butta a capofitto,
Diventa un ruscelletto
Che frulla,
Radente dentro l'ombra,
E la tua voce rulla
Sopra la pista sgombra.
Roca, diventi roca,
Con una voce, poca,
Da ciceronessa
Che spiega com'è bella,
Com'è bella se stessa.
I nostri tè si bevono da sé,
Molto corretti,
E intanto è incominciata
La sfilata
Di intere collezioni
Di biscotti.

I RITORNI

E da quel punto in poi
sentimmo sotto di noi
svolgersi il sentimento,
largo e intento
ad una tutta sua meditazione,
non curante
che sopra la sua pelle si ballasse.
Le foglie coi barattoli, le casse
con i tronchi senza cuore.
E lo scandaglio calava dalle prore,
poi ritornava su
chiedendosi "Perché, perché il ritorno?".
È sempre per prova che
sulle labbra torna
la parola "amore",
per prove d'esercizio
perché si sa che poi non si sa mai
che potrebbe tornare utile.
Tornare, per raccontare
il furore e il gelo
delle notti aurore.
Bianca e assai provata,
scampata per un pelo per poter ritornare,
come dalle crociate, a un futile
sopravvissuto a tutto,
che ritorna più utile che vivo,
quindi innamorato ancora.
E torna, torna, lei gli ha detto torna
ed era una bambina, finalmente,
e gli diceva torna.
Abbiamo un solo limite:
l'amore che ci divide.
Come la ragione,
perché con la ragione
si sopravvive a tutto,
si distrugge il distrutto,

ricostruendo a intarsi la copia fedele
dell'innamorarsi,
e un tassello alla fine
o è dell'uno o è dell'altro.
E i sogni si allontanano
come i cavalli scossi,
caduti i sognatori;
bocconi tra le fragole, ma
più dolci e più rossi,
ridotti a dolenti spifferi.
E docili incompetenti
nella lotta incerta
tra il ridire e il fare
l'amore colloquiale.
E lei continua a dirsi:
"Si sopravvive a tutto per innamorarsi".
Amarsi è questo: escludere
d'essere i soli al mondo,
i soli ad esser soli amando,
sterminandola l'invincibile armata.

ALCUNE NONCURANZE

Non un complotto e non una soffiata,
Nemmeno tra le ciglia,
Perché tu sbatta gli occhi,
E non un parapiglia senza sbocchi:
Niente di tutto questo,
Ma saranno le disinvolture,
Ed alcune noncuranze a tradirti:
Come tu resti seduta sulla sponda del letto,
Come non dici nulla, quando non lo dici.
Perché lo hai deciso, e fai sì con la testa,
Come una ginnastica,
Perché lo hai deciso

Di perdere il filo.
Saranno queste cose un poco oziose a tradirti:
Sarà un prurito quando non esiste,
E invece ti soccorri con quell'unghia fatta apposta
Per essere un bisturi che in mano a te
Diventa decorosa. Innocente,
Perché curatissima, sarai tradita
Dalle tentazioni, nelle quali saprai
Come cadere, ossia da sola,
Solo arricciando il naso,
In modo sorridente,
Quando il sorriso vive,
Essendo bolla d'aria
Tra il labbro e le gengive.
In campo scenderanno forze prive di forza,
Le tue piegate dalle brezze estive,
E saranno a tradirti queste ondate di pigrizia,
Di estenuazione senza alcun motivo.
Quando avvertirai, distinto, sopra tutto,
Il profumo che sale dal tuo polso.
Quando ti sentirai rotonda in certi punti,
E in altri più in pianura
Con zone inesplorate, lontane e lontane da te.
Quando una gamba atterra,
Mentre tu sei distesa,
Hai il peso di tutto quanto resta
Sulla terra intera, meno te,
L'unica in questo momento
Di cui non ti fidi,
E saranno dei nervi minori a tradirti.
Se cade un bicchiere da solo,
Se vola una sedia sullo scaffale,
Allora tutto ritorna normale.

CAMPATI IN ARIA

Sei molto presa dall'idea
Che infine ci incontreremo:
Vedi sempre la stessa scena,
E non si sa da dove venga io,
Ma per comodità la mia figura
Si forma in quel momento
E qualcosa ti cade di mano, anzi no.
Sei tornata a fiorire
Tu vignetta gentile
Con una fretta di furbe nubi d'aprile.
E provavo qualche cosa per te,
Questo provai, soltanto che mi sfuggì
Quella prova. Non ci vediamo che da sempre
E questa ti pare una buona ragione
Per sporgere le labbra, come un fischio,
E poi guardare altrove, senza però fischiare,
Cominci a capire chi siamo:
I nostri emissari venuti a discutere
Molti punti difficoltosi.
Ho stravisto per te
Non so chi, non so che,
Resta lo stile delle agitate vigilie.
E il tumulto
Che da te sortì,
Detto così, so solo che mi sfuggì
Qualche sussulto.
E tu nonostante ciò solleciti,
Mesta, calma e onesta e un po' scolastica.
Potremmo per miracolo inciampare
Con la stessa disinvoltura ed eleganza
Con la quale sprofondano i piroscafi in mare,
Con tutte le luci accese,
E si direbbe che a bordo c'era un ballo,
Luccicando le stesse
Vaghe spine, indigeste,
Degli estri scritti,
Tra i fitti immensi nerastri.

E ti strinsi,
Ed il senso sparì:
Essendo lì,
Nel senso che mi sfuggì,
Seguendo l'istinto,
Tutto il senso che s'è letto, tutti i libri.

COSA SUCCEDERÀ ALLA RAGAZZA - 1992

COSA SUCCEDERÀ ALLA RAGAZZA

L'alba, la barba, la curva della gola,
Rasoiate che sono orli di gonna.
La luce ha ancora sonno ma si da'
Un tono da ostetrica che è urgente.
Apre gli occhi sul mondo partoriente
Ed è a disposizione
L'alba, la barba, presa con le buone.
Offrire la gola al tocco leggero, l'alba
La lanolina candida
Gli uccelli appostatissimi nell'aria,
Come i chiodi senza quadri, alle pareti;
Ed è ancora mattina.
I pesci pesci pesci i pori pori,
Cosa succederà alla ragazza,
Vede i pori
Con le corna come i tori;
Le corna curve sono due ferventi trafficanti a
Bassa voce
Sotto la croce, sotto la croce,
Nel loro dialetto antico,
Nel loro diletto pratico,
Che la vogliono fare bollire,
Che la vogliono suonare,
Appesa al campanile.

Che la vogliono ricoprire di cioccolata,
Che la vogliono servire in bocca,
Ad una bocca sterminata di forno:
Che cosa le tocca,
Sentire che cosa.
Allora ricordarsi di fare delle pose
Delle fotografie:
Che possono sempre servire,
E non se ne parli più.
Gesù, Gesù
Che non se ne parli più
Gesù, Gesù
Ed è ancora mattina,
Tutti sono pronti a bere qualcosa;
E poi si riprende fiato,
Per fare le bolle acustiche.
Che la vogliono olio e limone;
Che la vogliono aggiustare:
Entriamo in un portone...
Che la vogliono un po' scoperta
Per accertare;
Che la vogliono nell'ascensore,
Per implorarla da che piano a che piano,
Acquetta, fuochino;
La gloria all'ottavo.
Che la vogliono ricoprire di cioccolata,
Che la vogliono servire in bocca,
Ad una bocca sterminata di forno:
Che cosa le tocca,
Sentire che cosa.

TUTTE LE POMPE

Quando le ha chiesto conosci
Il tale il tal dei tali Tizio Caio,

Ti dico che ho sentito, dice,
Ti dico che ho sentito tutto il rosso
Del sangue partirsene col nero
Dei corvi e le cornacchie sopra il giallo,
Le macchie ondose e lente,
Dei campi gialleggianti di frumento,
Ha sentito come un gran rivoltamento,
E cateratte urbane e vigili del fuoco
E din don dan,
Tutti i bicchieri straripare dai bar,
Scoppiando in un cin cin,
Di bei cristalli isterici
Tutte le pompe, con l'acqua nelle vene,
Si mettono a ballare,
E pioggiano di gioia.
Io ti vorrei incontrare però non lo vorrei.
Arriva lo schiumogeno e la gente,
Sussulta di piacere è pronta a tutto,
A consumare lì sopra l'asfalto,
La scivolata delle relazioni;
Lo sguazzo dell'ardire e dell'osare,
Ed è da tanto tempo che volevo;
E dirmelo potevi dirlo prima:
O farmelo capire, o farmelo capire.
Le macchine rampando sulle ruote,
Le gomme posteriori fanno un giro,
Di piazza col pennacchio,
Soffiato dai roventi radiatori;
Lo struzzo, lo spauracchio,
Il gongolo di gioia,
Lo spruzzo e lo sbatacchio,
L'immensa scorciatoia,
Per arrivare al sodo.
Una lady s'incendia un po' per sfizio,
E un po' per gaudio immenso anticipato.
E il suo marito in cravatta con la lingua,
Diventa un calamaro così che non sfigura.
Marameo, marameo fanno i cupidi,

I frecciatori dal culetto nudo;
Più fitti fitti più dei pipistrelli
Nella notte stellata, che volano d'estate.
Però più belli, belli più bellini,
Bianchi color del lilla gridellino;
Ma non è notte è giorno:
Magari è estate forse;
Forse magari è estate,
Cominciano le corse
Tutti arrivando i primi:
I primi in una cosa,
Una cosina dolce,
Una cosina dolce.
Io ti vedrei davvero volentieri.
Volentieri davvero ti vedrei.

ECCO I NEGOZI

Deve essere stata una costosa
Distillazione la marea del mare,
Il cielo è più professionale:
Premedita se stesso.
Il tempo, questo tempo è inaffidabile,
Vengono giù gelati, poi rane,
Un giorno baci celebri, un altro giorno
Eliche in funzione.
E come informazione,
Si sente spesso chiedere,
Dov'è che si sistemano le capocchie ai fiammiferi
Queste le uscite spicce,
Celeri così come lei le intuisce,
Che veloci inceneriscono se stesse,
Avanti un'altra: così si va, a spasso si va.
Ecco i negozi
E non le sembra più di stare a casa,

Ecco cammina nell'uno e l'altro senso,
Non avendo al fianco chi l'accompagnerebbe
Nelle minime e le massime escursioni.
Ecco i negozi
Che ingoiano tutti i fracassi,
Non affliggono né stomaco né cuore, eccola
Qui dov'è la padrona del proprio giro vita,
Del proprio girocollo, del proprio giro periplo del
[corpo.
E lo spazio non è quella questione,
Ecco i negozi, si può tacere senza
Dare il silenzio come spiegazione:
Ecco qui, tra le creature scisse,
Tra chi entra e chi esce,
C'è uno scambio
Di temperature.
Si diventa termometri contraddittori,
Si passa tra le cose sfuse e vaghe,
Come tra lacci d'alghe di tante
Maghe Circi annegatrici,
Dimenticando e poi dimenticando;
Così sei fortunata: hai trovato
Esattamente quello che cercavi:
Tre bravi di caienna, ovvero,
Un forchettino per i ravanelli.
Così sei fortunata: hai trovato
Il posto più esclusivo della storia,
Le pagine in cui Antonio
Con Cleopatra, si strapazzano
Ancora, come otarie
Dalle braccia ormai implicite nell'altro,
Sopravvissuti ad ogni nave che s'inabissò.
Immersi in un tripudio misto seta,
In una negligenza e oblio di sciarpe,
Ed è come non mai non stare a casa.

LA METRO ECCETERA

La metro dei riflessi,
Gli sguardi verso il vetro,
Gli appositi sostegni verticali,
Le mani che fatali li discendono,
E quelli orizzontali, in alto i polsi e gli orologi
Viaggiano da soli.
La metro, i seduti di fronte
Sono semplicemente gli avanzati
Dal viaggio precedente
Che andava dove vanno
Tutti i presentimenti, eccetera.
In un soffio di porta, fa' l'ingresso
La bella incatenata a testa alta;
Invece i viaggiatori
Sono entrati
Col capo chino, e l'umiltà dei frati.
Bella incatenata dai sui stessi ormeggi:
La cinghia della borsa,
E stringhe mosce,
E fasce di camoscio e stratagemmi
Dei morbidi tormenti d'organzino.
Si fa la trigonometria,
Nei finestrini corrispondenti agli occhi alessandrini,
Di lei che guarda fissa
Un suo sussulto fuso nel vetro,
Che le ricorda tanto un suo sussulto.
La metro piomba nella galleria,
Come un eccetera eccetera,
Che continua tremante veranda di lettura,
Da un attico mittente, tutta giù a fendente.
E più di tutti
I giornali e i giornaletti
Ha successo una scritta:
In caso di necessità
Rompere il vetro,

E tutti i trasgressori saranno
Eccetera.
La metro si avvicina
Alla stazione prossima e rallenta.
I posti a sedere,
Ad occhio e croce:
Diciamo trentasei;
Le scale sono mobili,
Ma le pareti no,
E fermi i corridoi;
La folla passa e sale.
La metro accelera,
Eccetera, eccetera,
E puntini di sospensione.

I SACCHI DELLA POSTA

Fiera, sommessa, repentina, breve
L'estensione variabile dei piedi,
L'andatura, l'adagio, lo svelto,
L'incedere e il procedere.
Poi le scarpe sono la precisa
Espressione del viso,
Andare passo passo, fare moto,
Per correre e agitarsi molto poco
Appena in tempo per
La messa cantata
Un altro po'.
Ed il treno era partito,
Svoltato l'angolo,
Aggirato il monumento,
Lungo le mura, rasente la barriera,
Di sotto il porticato,
Sfiorando la ringhiera,
La spalletta, la spalletta sul fiume.

Le scale, sulle scale, le scale,
Da un sarto senza manica sinistra,
Dall'ebanista discutendo se si possa
Chiamare diceria, il capriccio
Della cornice.
Perché non scende e uno,
Perché non sale e due,
I sacchi della posta,
Questa è l'ora,
Quasi da soli saltano,
Sugli sbarcatoi.
I quarti di buesse sanguinose,
Soggiogano ragazzi incappucciati,
Gli appuntamenti sono plateali:
Vedi venirsi incontro due vocali.
I cagnolini vanno avanti al trotto,
I cani grossi hanno scontri di botto,
Col non si sa che sia col non si sa.
I minutini, gli attimi, gli instanti
Tengono a bada tutti tutti quanti,
Ma le mezz'ore perse sono già funeste,
Son teste emerse e rifugiate leste,
Nelle finestre, nelle finestre.
A prima vista tutto è secondario,
Poi le scarpe sono la precisa volontà del viso,
Cominciano i miraggi: atti notori,
Col nastrino in gola,
Fanno i graziosi mentre fan la spola.
Patenti a fisarmonica, a soffietto
Hanno da dire e da ridire su tutto,
Licenze ancheggiatrici
Fanno adescamento;
Quindi i certificati sono
Pellirossa tutti lustrati.
Arrivederci ed uno
A risentirci e due,
Le parti per il corpo articolato,
Si piegano, si snodano polpose,

E succulente e ossee e nervose.
Il ginocchio, il polso, l'anca, il pennone,
Intorno al quale il muscolo fa vela;
Lo zigomo, la tempia, il metatarso;
Poi le scarpe,
Con i lacci o senza;
La faccia, arrivederci arrivederci.

PERÒ IL RINOCERONTE

Se non si cuoce a fuoco lento
Rimane cruda dentro.
Al dunque quando può le piace
Sentirsi al centro dei carciofi tenerelli.
Cosa sa, cosa sa
Che gli animali sono esseri scorrevoli;
Però il rinoceronte ha il freno a mano,
L'amore è un gesto pazzo come rompere
Una noce con il mento sopra il cuore,
E si dovrebbe vivere lontani
Per essere creduti se si dice:
Qui è nato un disinganno mai allevato
E grosso come un bue,
Mangiando poco,
E si dovrebbe vivere lontani e dire:
Ho visto qual è il colmo
Di me stessa,
Sfilandomi un maglione sulla testa,
Per ora si interessa all'infusione,
Che dona brillantezza ai suoi capelli
E la parola chiave è rosmarino.
Il gusto si fa estivo a mezze maniche,
Esaminando la Venere di Milo,
I riti i riti, ma che riti d'Egitto, tutto e`
Fidanzamento

La colazione in tazza,
Il pranzo, poi la cena e gli intermezzi,
Basta non le si dica "Indovina chi sono"
E non te l'aspettavi ecco cose così
Raggianti e tristi, cose di burro
In forma di conchiglia.
Sono io quella ragazza dice
Puntando il dito come viene viene,
In uno sprazzo acrilico a colori
Mimetici soltanto di se stessi,
E di un papero, a sbuffo accidentale,
Contro un mazzo una messe di cielo,
O rosso mormorio di un acquitrino,
Sono io quella ragazza,
Infatti è lei.
Per lei un sovrano avrebbe rinunciato
A nascere, e un cammello si è lanciato
In una cruna d'ago, smascherando
L'acrobata di sabbia in sé sopito.
Sono io quella ragazza dice,
Il giorno prima come il giorno dopo,
E il giorno in mezzo me lo metto al dito,
Così sarà un anello e non un peso.
E per lei, qualche atleta contenzioso
Si è battuto, smantellato da solo,
Crollando coi talenti e i gusti intatti.
Sono io quella ragazza,
Infatti è lei.

COSÌ GLI DEI SAREBBERO

Le condizioni sono
Atmosferiche comunque,
Comunque meteorologiche,
E lei si è invaghita del bitume:

Carbonio con idrogeno composto,
Bollente ed odoroso, grasso in fusti,
Colato e rimpastato, misto a scisti.
Così le salta in mente,
All'improvviso,
Che esistono gli dei,
E dagli dei
Proviene, per esempio, la numerosa serie dei profumi;
E lei se esistono gli dei sarebbe prediletta dal maestoso
Ordigno in argentato, sovrumano
Tubo di scappamento con solenni alucce
O pinne da raffreddamento.
E, cosa c'è da fare, vorrebbe lei
Portare questa sera, come stola,
Un raccordo anulare, un'intera fila alle poste
Oppure la costiera amalfitana.
Si prende il nastro della merce scelta,
Si ammorbidisce e si fa svolazzare,
Si smussa e lei così lo può indossare,
Vorrebbe lei per caso liquefare
Un palazzo in cui l'innamorato sguazza
Nel delirio, ridotto ad un cetaceo.
Si attiva un lanciafiamme,
Un forno ad onde, oceanico,
Un sesquipedale,
Prospero per la pipa universale.
C'è da fare la spesa si fa,
Da andare dal dentista ci si va,
E il trapanatore sarà un titillatore piumato.
Così come bambina, mancandole la esse,
Lei diceva "Nettuno nettuno"
Così gli dei sarebbero un intimo difetto di pronuncia.
C'è da fare una piazza, si fa:
Si prende una balena con fontana inclusa e
Traballanti cocomeri per occhi a tutti quanti,
Ed alberi spioventi dalle orecchie.
E voci emerse sulla testa a delta
E i mignoli, gli eterni mignoletti,

Suonati da pestanti martelletti.
Così lei, può passare di là
Perché se c'è da fare
Una cosa si fa.

COSA FARÀ DI NUOVO

Le quattro meno un quarto della notte,
Il sonno se n'è andato all'improvviso,
Si ferma il borbottio delle guanciotte
L'ombra è severa ma addolcisce il viso.
Cosa non farà più, cosa farà di nuovo,
Cosa farà di meno,
Seduta in mezzo al letto lei promette
Cosa non farà più.
Cosa farà di nuovo, cosa farà di meno,
Con un leggero margine d'incerto,
Con la sincerità di tutto il cuore
Leggero, pesante, volubile. Crede le dolcezze
Sono come
Le amarezze:
Pesi falsi senza pietà.
È una misericordia, un'operetta pia
Considerare adesso con che garbo
Ha piegato, ripiegato e messo via
Il maglioncino su un bracciolo, un gambo.
Cosa che rifarà, che rifarà di nuovo,
Non sa se più, se meno,
Seduta in mezzo al letto nel rispetto
Timido che ha di sé.
E le dolcezze sono,
Son come le amarezze
Con un cordiale ed umile sospiro
Si sente sangue del suo stesso sangue
E corpo del suo corpo in un bel giro

D'edera intorno a sé,
Con strette blande,
Non si resiste più
E non è più questione tra il giulivo e il triste.
Seduta in mezzo al letto lei promette:
Cosa non farà più,
Cosa farà di nuovo, cosa farà di meno,
Con un prudente margine d'incerto.
Le tre e quarantacinque della notte,
Il sonno se n'è andato all'improvviso,
Le dolcezze sono come le amarezze:
Strette blande senza pietà.
Nella notte, sonno sperso,
Ombra austera, caro il viso,
Con che garbo,
Con che umile sospiro:
Cosa non farà più,
Cosa farà di nuovo,
Cosa farà di meno.

HEGEL - 1994

ALMENO L'INIZIO

Alla fine ti trovasti in un bel posto
E lì capisti perché t'erano stati chiesti
Gli occhi in prestito. Per il loro particolare colore,
Fai tu quale, che ora è l'iride delle finestre.
Alla fine ti fu chiaro perché quel gran parlare
Della tua bella conchiglia auricolare;
E quel solleticare. Eccoli i padiglioni,
I disimpegni, la chiocciola i vestiboli ecco la stanza.
E tu entrasti perché c'era tutto
E tutto a oltranza i tuoi comportamenti e le reazioni,
Le tue belle presenze e gli abbandoni,

Le carezze in cambio delle tue carezze,
E le scontrosità, le irritazioni.
C'era anche qualcuno che ti diceva "È tardi
Dobbiamo andare". E tu dicevi "No, io voglio ancora,
Ancora io mi voglio mi voglio rivedere
E se non tutta, almeno l'inizio".
Che cosa avresti fatto per sentirti un po' più sola
E per dolcemente navigare
Sul dorso o sul tuo petto,
E fare una capriola
Che ribaltasse il cielo.
Lì c'eran tutti predisposti i baci
Asciutti e meno e tutti i desideri,
E le istintive applicazioni di te
Eran montate ad arte accanto al tuo profilo,
Vicino ad ogni tua parte. E tu dicevi "Ancora un altro poco
E se non tutto almeno un po' d'inizio".
Fare si può fare ed anche disfare,
Ma è un'impalcatura.
Dipende da chi sopra ci sale.
E tu dicevi "Ancora un poco,
E se non tutto, e se non tutto
Almeno l'inizio".
E tu, una volta su
Osservi la tua stanza.
Tu, la tua, nella quale,
Oltre il disfare e il fare,
Si delineano cose
Appena appena verosimili.
Con ciliege passeggere e grappoli appannati,
D'uve segrete e nere dalle pelli boriose e fini,
Perché tu, che ti senti alle volte una mandria
Possa indire turchini selvaggi festini.
Con curvi cieli estivi che scendono
Come coperchi su te che bollivi.
Con i freschi provvisori che soffiano
Sotto i cuscini e tu li assalivi
Con gli abbracci e le guance

Giaciute con l'equatore
Perché di te, già cibata,
Non è di calore che hai bisogno
Ma di un orgoglioso refrigerio.

HEGEL

Ricordo il suo bel nome: Hegel Tubinga
Ed io avrei masticato
La sua tuta da ginnastica.
Il nome se lo prese in prestito dai libri
E fu come copiare di nascosto,
Fu come soffiare sul fuoco.
Cataste scolastiche: perché?
Quando tutto è perduto non resta che la cenere e l'amore;
E lei nel suo bel nome era una Jena.
Chi di noi il governato e chi il governatore
Son fatti che attengono alla storia.
Chi fosse la provincia e chi l'impero
Non è il punto:
Il punto era l'incendio.
Erano gli esercizi obbligatori estetici,
Le occhiate di traverso, e tu guardavi indietro;
C'eravamo capiti, capiti all'inverso.
Ci diventammo leciti per questo.
D'altronde, d'altro canto.
A volte essere nemici facilita.
Piacersi è così inutile.
Un bacio dai bei modi grossolani
Sfuggì come uno schiaffo senza mani.
Talmente presi ci si rese conto
D'essere un'allegoria soltanto quando
Ci capitò di dire, indicando il soffitto col naso,
Di dire "Noi due" e ci marmorizzammo.
La corda tesa, amò l'arco

E la tempesta la schiuma,
Il cuore amò se stesso,
Ma noi non divagammo.
L'animo umano è nulla se non è
Una pietra da scalfire ricavando
I capelli e il suo bel piede.
Era la collisione, il primo scontro epico,
Perché non scritto ma cavalcato a pelo,
Ed ognuno esigeva
La terra dell'altro,
Le mani, la terra, la carne, il terreno.

TUBINGA

Da qualche tempo è recente anche l'antico.
Il disco del Discobolo è cromato.
Nella testa di Seneca si sente
Il motorino di un frullatore.
Nelle piramidi continuamente
Scatta un otturatore.
E in te Tubinga, in te non c'è un juke-box e non un tostapane.
Tu mi risparmi d'essere testimone antico e recente
Delle istruzioni lette attentamente.
Non un tasto in comune, non un percorso,
Passando per bi e ci dalla a alla di.
Non un cablaggio, non una connessione.
Non la contemplazione, nemmeno l'esperienza.
Ma una delicata, leggera confusione
Perché mi sfugga come una stoltezza
L'invocazione a te, mio generale, mia generalessa.
E al posto del carattere.
E al posto del carattere, mia cara,
Poniamo una tempesta, un caso esterno,
Un alto mare che i giorni, i mesi e gli anni
Inseguono e non possono afferrare.

Io decorato di passamanerie come un divano
Per dirti siediti, distendi le tue gambe
Ed usura il tessuto col tallone,
Poi dormici su che poi, quando ti svegli,
Parlandoti di me ti dirò "Egli.
Egli è qui. È qui ed ora" e non ti dirò altro.
Non parlerò di stili e di reliquie.
Tutto è recente come uno squillo di sveglia.
La data più vicina è un dormiveglia.
E al posto di cose ci sono le cose.
Poniamo le cose esaurite, le stesse.
E dopo le stesse mettiamo le cose
Se le medesime vanno esaurendo.
Un bel poligono al posto della stella
E nel quadrato il tondo andando bene.
Nel coraggio di Achille le rotelle
Per fare l'orlo alle pastarelle.
E supplicante l'immagine è morente,
Narciso e dalia insetto galleggiante,
Come pasto rimastica le spente
Nature morte virtuosamente.
Ahi!
C'è qualcosa che cade
E una cosa sta su.
Ahi!
C'è del chiaro e del bruno c'è,
C'è una chiusa cosa in sé
Fa un rumore un po' tacito.
Sembrerebbe il sussurro dell'acqua.
Ahi!
C'è qualcosa che odora,
Una profumo non ha.
Ahi!
C'è del grande e del piccolo.
Una c'è fintantocché ce n'è un'altra che mormora.
Sembrerebbe il sussurro dell'acqua.
Ahi!
C'è qualcosa che chiude,

Una schiude, una resta dov'è;
C'è
Dell'asciutto e dell'umido
Nelle cose, cosicché piatte l'une altre ripide.
Sembrerebbe il sussurro dell'acqua.

LA BELLEZZA RIUNITA

Mi apparisti vestita
E più carpita da me
Più che tu non lo fossi.
Misurarti la vita
Mi pare proprio che sia
Tutto quello che posso.
La bellezza riunita
Ha più difesa di sé;
Mi dicesti "Sospira".
Come chi si ritrae con il dito chiedendo silenzio;
La totale pienezza di te
Dal mio braccio destro si disincagliava e calava nell'ansa
Del sinistro, mista alle piegature, e declinava.
Di te, in te stessa, l'attività assoluta
Era una lotta contro la natura
Che è dimessa al vento,
Succube alla furia.
Ma tu non soccombevi,
Eri impennata
Sulla tua forma finita e creata.
E la tua finitezza superavi
Sapendo, di te stessa,
Non solo di convessa, di concava, di cava,
Umana, pelle umana. E la realtà finiva
E il vero cominciava. Certo imbruniva,
Ma imbruniva fuori.
All'interno i colori

Erano luci spente,
Umiliate dalla tua bocca ponente.
Dopo un po' si vedeva
Soltanto quello che può
Perdonare la vista.
E scoprire le gambe,
Fu qui la tua miglioria,
Per distinguere meglio.
Ogni tuo gesto è compreso
In tutto quello che sa
Di te stessa quel gesto.

LA MODA NEL RESPIRO

"La moda è generosa", pensi
Cade più docile delle mura,
Più facile dei bastioni:
Ai tuoi piedi, sciolta la chiusura.
Dici i Greci, e pensi sono pieghe,
Son colori i Fenici,
E i Macedoni fibbie,
Intimi i Latini.
"La moda è generosa", pensi
Meglio di un pugile si risolleva
Più agile perde i sensi
Crolla in pezzi senza alcun patema.
Dici i sogni e pensi ai bottoni,
Son asole i risvegli,
E gli scolli effusioni, e spacchi gli sdegni.
E chi teme la moda è immerso in essa comunque
E d'essa intriso come un cardo dal gambo reciso.
E dici è molto comoda se esclude
Sempre di presentarsi in figure,
In tagli, forme e positure,
Immediatamente tutte nude.

Così che quando passa questo eccesso
Ci pare non avere perso nulla,
Ci pare non avere perso il tempo
Che la nudezza sbriciola e maciulla.
Dici la via di mezzo, ecco la via
Quella percorsa dai ragazzi alteri
Che vanno a divertirsi nei misteri,
Spiegabili perché non intralciati,
Dai cupi sedimenti dei passati.
Mi dici il mezzo giro,
Quello che va di moda, dei tuoi fianchi;
Gli occhi totali, come elianti
La spossatezza semplice, formale,
Ed un rilassamento collegiale.
Come se intorno a noi,
In curvi corridoi,
I disciplinatori,
Le studentesse e gli studenti, rapinatori del momento d'oro,
Consumassero un lusso di moine,
Un rimandare sempre all'anno dopo,
Frenetici in unj ballo senza scopo.
Noi nella stanza accanto
E la moda cambiava nel respiro,
Il nostro che cambiava ogni tanto.

STANZE COME QUESTA

Prendiamo una carrozza anacronistica,
Aggiornandola in quanto inesistente.
Saliamo alla sua guida.
Di redini, di lacci se ne trovano,
Di legami tra noi, di dolci bende.
Bardiamo un animale a caso il cuore
Dai fianchi pretenziosi da roano.
Ecco che trotta. Che ci prende la mano.

Abbiamo visto le regge, dietro le inferriate,
E le foreste nere e le campate
Non so di quanti ponti.
Ho visto la tua nuca ad Alessandria,
E poi me lo racconti se ci sei mai stata,
Se ti senti, ti sentivi osservata.
Il posto è qui.
È qui quel lavorio
Dell'erba, simile al pensiero
Che contiene nel vello
Quell'orma del tuo corpo
Ed uno stelo sconvolto
Dal tuo gomito che avrebbe
Dimenticato d'essere carnale,
Per non dimenticarlo in generale.
Qui si incavano,
Senza corpi a pesare,
Le nostre impronte a muoversi, a sedere.
Vedi là, vedi là
E gli occhi saltano
Come chiaro e pupilla capinere.
Ci sono posti al mondo
Dai quali non c'è fuga.
Stanze come questa, nelle quali
Restano le nostre rappresentanze,
I nostri uffici doganali.
Dove noi veramente
Ci impieghiamo,
Avviluppati in teneri sofismi,
Cavilli di permessi,
Arzigogoli, tropismi
Nella nostra direzione.
Una frontiera è fatta di due righe.
E bastavano le dita di una sola mano
Mandata avanti
In viaggio, e l'altra le
Farà da testimone
Si può vedere tutto;

E fermamente,
Se di due righe è fatta,
Facciamo la frontiera
Dove passa fauna e flora straniera.

ESTETICA

È successo quello che doveva succedere.
Ci siamo addormentati, perché è venuto il sonno
A fare il nostro periodico ritratto.
E per somigliarci a noi
Più che noi stessi, ci vuole fermi,
Che appena respiriamo,
E mobili ogni tanto,
Come un tratto
Sicuro di matita. Ecco che siamo
La viva immagine di una
Distilleria abusiva che
Goccia a goccia
Secerne puro spirito.
Noi dietro una colonna ridevamo per l'aneddoto,
E ci contrastavamo amabilmente
Su aria, fiato e facoltà vitale,
Su brio d'intelligenza,
Sull'indole e sull'estro,
Soffio, refolo, vento e venticello,
Sull'essenza e sulla soluzione,
Sul volatile e sulla proporzione,
Sul naturale e sul denaturato.
E poi sulla fortuna.
La fortuna non c'entra
Quando una cosa
Per terra si posa.
E vale sia per l'estetica
Che per l'allodola.

E lui continuava a ritrattare.
A ritrattare quindi.
E la reale
E doppia fisionomia nostra
Spariva via
Come una coppia annoiata di
Visitatori da una mostra.
Noi dietro le sue spalle
Ridevamo per l'aneddoto
Mimetico, drammatico, faceto, ditirambico,
E ci contrastavamo amabilmente
Su verde, rosa e viola del pensiero,
Su mente giudicante,
Su lampo e riflessione,
E sul limpido e il cupo e il commovente,
Su coscienza e su allucinazione,
Sulla celebre cena e gli invitati.
Colori che divorano colori
Se lo spirito s'eccita,
Per caso esilarando,
Oppure ardendo,
Bruciando bruciando.
E chi dei due
Ha le parti fredde
Cercando le tue.

LA VOCE DEL VISO

Per insignificanti movimenti
Tanti e tanti il volto è tutto;
E tutto sta raccolto sopra il tuo bel volto. Lingua che sei straniera
E non si sa se vuoi che io ti distingua dalla mia
O se mia lingua ti finga.
Bocca di gradazioni, intera gamma,
Dalle predilezioni alla maniera amara.

Bocca che mi sei cara
Appena appena schiusa quando armatura in te
Quella fessura è un dissuadendo le svariate forme labili d'espres-
sione
Per tentativi ed approssimazione.
Ed il tuo volto è tutto nel momento in cui,
Passando sopra alla tua immagine
Della quale è troppo facile dire che in superficie,
Affiori l'anima passando sopra la tua immagine, invece
Ci si vede intraducibile l'estraneità al lavoro. Ché il volto è tutto
Ma non è del corpo, al quale pare unito.
Il corpo, contentando il senso della nutrizione
E il viso l'ascensione l'assolvenza dell'inappetenza
Perché un bel volto bello se lo si può guardare è un disimparare
Del mondo questo e quello.
Così ci s'innamora di un viso in cui
L'estraneità lavora. Il corpo segue,
Come un testimone casalingo e familiare
Di questa apparizione,
In su la cima. Quest'opera sensibile:
Il tuo volto che si manifesta ed è
Oltre l'ordine della natura.
E come tutti i portenti tende a scomparire
Più cerchi di tenerlo a mente e nelle spire
Dei ritrovamenti portentosi.
E la voce del viso allora nemmeno
Ricorre ai miracoli
Non un riso, un pianto,
Non una smorfia densa d'oracoli.
Ma dà senso quella voce a un solo volto che sotto il mio
Rotola, si ferma e freme, alle mie mani preme
Perché lo riporti in cima,
In vetta al suo sistema dei piaceri.
Secondo un canone, un precetto ed una disciplina
Che inumidisce i capelli e per discrezione stende
Un velo di madore sulla pelle.
Ti spadroneggia allora il tuo godio,
Disincantato in quanto,

Più è restio al racconto lenitivo,
Al riassunto giulivo. E non è riso appunto
E non è pianto il tuo perché il racconto è il riso e pianto il suo rias-
sunto.
Sul viso la sintassi non ha imperio, non ha nessun comando.

BIBLIOGRAFIA

Per permettere una consultazione più agevole della bibliografia, riporto il materiale in due parti separate: prima quello che va considerato tale in stretto senso etimologico, ovvero i libri di cui mi sono servito, e successivamente il più abbondante materiale trovato online. Quest'ultimo, meno ordinato e preciso dei libri sullo stesso argomento, o spesso decisamente abbozzato e in continuo mutamento, è stato tutto consultato tra i mesi di giugno e gennaio. Per ciascun sito riportato in bibliografia ho allegato una breve descrizione che ne illustra i contenuti.

LIBRI:

Amodio A. e Ronconi M., (1999), Lucio Battisti - Al di là del mito, Arcana, Roma.

Ceri L. (1996), Pensieri e parole, Tarab, Firenze

Del Papa M., (2006), Lucio Ah: le stagioni italiane nella musica di Lucio Battisti, Meridiano zero, Padova.

Mirenzi F., (2006), Battisti talk: le interviste e le dichiarazioni in radio e in televisione, Coniglio editore, Roma.

Piancatelli U., (1999), La vera storia di Lucio Battisti, Barbera editore, Firenze

Rebustini I., (2007), Specchi opposti. Lucio Battisti. Gli anni con Panella, Arcana, Roma

SITI INTERNET:

Archivio storico, Corriere della sera
Il successo fa diventare cinici La Tv, un mostro che divora
http://archiviostorico.corriere.it/1998/settembre/10/successo_diventare_cinici_mostro_che_co_0_9809109348.shtml
Versione online del celebre giornale quotidiano, aggiornato regolarmente. Contiene numerosi articoli nella sezione "archivio storico".

A tutti i lupi della steppa.blogspot.it
L'officina della camomilla e profumi di decadentismo
http://atuttiilupidellasteppa.blogspot.it/2012/12/view-l-officina-della-camomilla-e_3.html
Recente blog di cultura a anticultura.

Cronache babilonesi.blogspot.it
Battisti Panella, piccolo preambolo agli album bianchi.
http://cronachebabilonesi.blogspot.it/2013/08/battisti-panella-piccolo-preambolo-ai.html
Blog di critica musicale. Un'ampia parte è dedicata agli album bianchi

Fattodiritto.it
Chiamale se vuoi emozioni.
http://www.fattodiritto.it/musica-diritto-lucio-battisti-chiamale-se-vuoi-emozioni/
Rivista online di attualità e cultura.

Google groups.com
Fan musica Lucio Battisti.
https://groups.google.com/forum/#!forum/it.fan.musica.lucio-battisti
Gruppo di Google dedicato interamente a Lucio Battisti, contenente numerosi articoli e commenti degli utenti.

Impermanenza2.com
L'apparenza.
https://impermanenza2.wordpress.com/2012/01/04/l-apparenza/
Forum di critica musicale e di cultura

Lucio Battisti.info
Hegel, io tu noi tutti.
http://www.luciobattisti.info/?page_id=6224
Blog specializzato sull'ultima produzione di Lucio Battisti.

Markelo.net
Panella, il miracolo della canzone.
http://www.markelo.net/2004/09/08/panella-il-miracolo-della-canzone/
Blog aperto nel 2013 da Franz Krauspenhaar, definto da Marcella Leonardi tra
i miglior poeti contemporanei.
Gli articoli si occupano di attualità, affrontata sempre in modo ironico, e di
poesia contemporanea.

Narkive.com
Fan musica Lucio Battisti.
http://it.fan.musica.lucio-battisti.narkive.com/
Forum attivo da ben tredici anni, contenente più di cinquanta discussioni su
Lucio Battisti. Particolare attenzione è dedicata all'ultimo periodo con Mogol e
soprattutto all'interpretazione dei testi degli album bianchi.

Onda rock.it
Ivano Fossati, La musica che gira intorno.
http://www.ondarock.it/italia/ivanofossati.htm
Senza dubbio uno dei migliori siti per quanto riguarda le recensioni dei dischi. Imparziale, completo e continuamente aggiornato.

Rate your music.com
Battisti. Panella, il cofanetto.
http://rateyourmusic.com/release/comp/lucio_battisti/battisti_panella_il_cofanetto/
Sito di recensioni musicali aperto ai pareri degli utenti. Nella pagina riguar-
dante i dischi di Battisti e Panella sono contenute alcune citazioni del poeta,
tratte da canzoni e da interviste.

Rockit.it

Recensione: Non c'è due senza te.

http://www.rockit.it/recensione/6728/dente-non-ce-due-senza-te

Noto sito contenente numerosi aggiornamenti sul mondo della musica italiana, recensioni di dischi e di eventi.

Rockol.it

Pasquale Panella: basta canzoni, sono una rogna.

http://www.rockol.it/news

Ottimo sito di informazione musicale e cinematografica internazionale

Sentire ascoltare.com

Lucio Battisti e Pasquale Panella, Verso l'indeterminazione senza verso.

http://sentireascoltare.com/articoli/battisti-panella-intervista-2007/

Versione online di "sentireascoltare magazine", dedicati entrambi all'approfondimento e all'informazione musicale italiana e estera.

Storia della musica.it

recensioni di Anima latina, Hegel e La sposa occidentale

http://www.storiadellamusica.it/

Eccellente sito di recensioni di album, soprattutto recenti e recentissimi. Articoli scritti con intelligenza e ottime conoscenze dell'argomento.

Tellusfolio.it

articoli di Diodati P:

Assemblaggi di sprazzi di luce

Considerazioni finali sull'esperimento voluto da Lucio Battisti.

Gioco di fine estate: alla ricerca di sprazzi di luce.

Risposte dell'autore del gioco su Battisti-Panella con provocazioni finali (operativa e scherzosa) e pure un'applicazione alla politica.

http://www.tellusfolio.it/

Supplemento telematico quotidiano di Tellus , rivista quotidiana. Articoli di attualità e cultura .

Treccefresche.info

Interviste a Pasquale Panella, sintesi.
http://www.traccefresche.info/
Probabilmente il blog contenente il maggior numero di citazioni di Pasquale
Panella e contenente soprattutto molte interviste complete al poeta romano.

Wake up news.eu
Costellazioni: Vasco Brondi, il nuovo De Gregori.
http://www.wakeupnews.eu/costellazioni-vasco-brondi-il-nuovo-de-gregori/
Rivista online di attualità, moda, economia e sport.

Wikipedia.org e Wikiquote.org
Articoli consultati:
Lista degli artisti musicali italiani per stime di vendita.
Lucio Battisti.
Pasquale Panella.
Carmelo Bene.

xoom.it
1986 Don Giovanni.
http://members.xoom.it/elisalorenzo/Lucio%20Battisti.html
Sito interamente dedicato a Lucio Battisti aperto ai commenti degli utenti.